서른셋
기적같은 날들이
기다리고 있어

서른셋

기적같은 날들이
기다리고 있어

차희연 지음

홍익출판 미디어그룹

여러분이 할 수 있는 가장 큰 모험은
바로 여러분이 꿈꿔오던 삶을 사는 것입니다.

—오프라 윈프리

The biggest adventure you can ever take is to live the life of your dreams.

—Oprah Winfrey

당신의 서른셋,
이대로 괜찮을까?

'근황토크'조차 피곤한 나이, 서른셋

다람쥐 쳇바퀴 돌듯 숨 가쁘게 돌아가는 사회생활에서 잠시나마 숨통을 트이게 해주는 것이 있다면 바로 지인들과의 만남일 것입니다. 오랜만에 아무런 이해관계 없는 사람들과 만나 수다를 떨다 보면 어느새 스트레스는 저 멀리 사라지곤 합니다.

그런데 나이를 먹어갈수록 동창회 등 모임에 나가는 데도 점점 신경 쓸 것이 늘어납니다. 차림새나 근황에 대해 쑥덕거리며 속을 뒤집어 놓는 친구들이 하나둘씩은 꼭 있기 때문입니다. 그렇다고 모임에 안 나갈 수도 없습니다. 한두 번 빠지다 보면 어느새 지인들 사이에서 투명인간 취급을 당하기 때문이죠.

그러다 보니 모임 날짜가 잡히는 그 순간부터 머리가 아파오기 시작합니다. 왠지 지난번에 보여주지 않았던 예쁜 옷을 입고 좋은 가방을 들고 가야 할 것 같기 때문입니다. 은근히 승부욕이 돋아납니다. 모임 장소에 입장하는 그 순간부터 서로의 옷과 가방을 스캔하느라 바쁘니까요. 그런데 속으로 비교하는 거야 모른 척 넘어갈 수 있지만, 간혹 노골적으로 염장을 지르는 친구도 있습니다. 그래서 나이 서른의 모임은 남의 시선을 의식하느라 피곤하기만 합니다.

행복하게 살고 있는 친구들을 보면 잘 됐다 싶기도 하지만 한편으로는 쓸쓸한 마음도 듭니다. 겉으로는 "정말 축하해", "너 정말 능력 있다! 부럽다"라며 친구들의 행복을 축하해 줍니다. 그렇지만 속으로는 '나는 지금까지 뭘 하며 산 거지?'라는 자괴감이 물밀듯이 밀려듭니다. 정말 열심히 살아왔지만 사회적인 지위를 얻지도 못했고, 연애 한번 제대로 해보지도 못했고, 돈을 많이 벌지도 못한 내 처지가 한심스러워집니다.

그러다가 문득 20대에는 자괴감이 이렇게까지 크지 않았다는 것을 깨닫게 됩니다. 20대에는 학교를 졸업하고 대부분 고만고만한 직장에 다니며 비슷한 경험을 하기 때문입니다. 같이 여행 다니고, 클럽 다니고, 술을 마시기 때문에 만나는 남자도 비슷하고 돈 쓰는 것도 비슷합니다.

그런데 30대가 되면서 어떤 직장에서 어떤 일을 하느냐에 따라 연봉이나 직급에서 차이가 벌어지기 시작합니다. 게다가 자기

계발을 하겠다며 해외 연수라도 갔다 오면 모아놓은 돈 한 푼 없이 새 출발을 해야 합니다. 그러다 보니 직장에서 더럽고 아니꼬운 일을 당해도 쉽게 옮기지 못합니다.

그것뿐만이 아닙니다. 직장에서 미친 듯이 노력해도 남자 동기들이 먼저 승진을 합니다. '유리 천장Glass ceiling'에 가로막히는 것이죠. 일 못하는 직원을 혼내는 것도 쉽지 않습니다. 노처녀 히스테리 부린다는 말 들을까 봐서요.

위로라도 받을까 해서 동창 모임에 나가면 20대 때와는 많이 달라진 친구들의 모습을 보며 삶의 질과 수준이 달라지는 나이는 서른부터라는 사실을 깨닫게 됩니다.

생활수준의 차이는 자연스럽게 비교를 부릅니다. 그토록 편안한 관계였던 지인을 만나도 수시로 '차이점'을 찾게 되는 거죠. 이렇게 우리는 자신도 모르게 다른 사람들의 삶과 내 삶을 비교하며 살아갑니다.

몇 년 전 방송되었던 EBS 다큐멘터리 〈마더쇼크〉에서 미국과 한국 여성의 뇌를 비교하는 실험을 한 적이 있습니다. 결과는 놀라웠습니다. 한국 여성의 뇌와 미국 여성의 뇌가 180도 달랐기 때문입니다. 한국 여성의 뇌는 타인과의 비교에 민감한 반면, 미국 여성의 뇌는 타인을 크게 의식하지 않는 결과였습니다.

이런 결과가 나온 것은 한국인이 유달리 성공에 집착하기 때문입니다. 물론 성공을 하는 것이 나쁘다는 것은 아닙니다. 성공이 타인의 시선에 의해 판단된다는 것이 문제입니다.

이렇게 타인의 시선을 의식하기 때문에 오랜만에 참석하는 동창회가 즐겁지 않은 것입니다. 어렵게 함께한 자리에서 그동안 밀린 이야기를 나누며 기뻐하기보다는 서로의 삶을 수치화하고 위아래를 재느라 바쁩니다. 하지만 비교를 통해 행복을 느끼기엔 우리 주변에 '엄친아, 엄친딸'이 너무나 많습니다. 타인의 삶을 의식할수록 행복과는 멀어져 가는 것이죠.

3회에 결과를 논하지 말라

30대가 되면 괜찮은 차 한 대 있어야 할 것 같고, 집 장만할 돈도 모으고, 직장생활 10년이면 중견 간부로 진급도 해야 한다고 생각합니다. 그러나 현실은 냉정합니다. 모아놓은 돈은 거의 없고, 언제 고장 날지 모르는 중고차를 몰고 있습니다. 그나마 월세에서 벗어나 전셋집이라도 마련했다면 다행입니다.

한 가지 일을 10년간 진득하게 하면 누구나 전문가가 될 수 있다고 합니다. 그 말만 철썩같이 믿고 열심히 버텨 왔지만 승진은 불확실하고, 과연 내가 전문가로 불릴 만한 일을 하고 있는지도 의심스럽습니다. 땅굴을 파던 어느 날 마침내 이런 결론을 내립니다.

'아! 내 삶은 실패한 거 같아!'

흔히 야구를 인생에 비유하곤 합니다. 특히, 영원한 강자도 약자도 없다고들 하죠. 아무리 강한 팀이라도 항상 승리하리란 법이 없고, 아무리 약한 팀이라도 늘 지지는 않기 때문입니다. 1회 초에 10점을 내줘도 1회 말에 11점을 얻을 수 있는 게 야구입니다.

30대를 야구 경기에 비유하자면 고작 3회에 지나지 않습니다. 2019년 기준, 우리나라 여성의 평균 기대수명은 86.3세이고 남성은 80.3세입니다. 심지어 매년 기대수명은 평균 1년씩 늘어나고 있습니다. 우리가 삶을 마감할 무렵에는 기대수명이 평균 100세가 넘어갈지 모릅니다. 정규 이닝 9회를 마치고 연장전까지 치러야 하는 것입니다.

그러니 고작 3회에서 결론을 내리려 하지는 맙시다. 인생의 중요한 부분을 모두 결정지어야 할 것 같아 초조한 서른 살, 어설픈 신입에서 벗어나 사람과 일을 파악하는 데 조금 더 노련해지는 것도, 착한 여자 콤플렉스에서 벗어나 까칠하고 용감하게 감정을 표현할 줄 알게 되는 것도 이제부터 시작입니다. 당장 내일, 어떤 행복한 일이 우리를 기다리고 있을지 모릅니다.

목
차

prologue   당신의 서른셋, 이대로 괜찮을까?   5

PART **1**／ 당신, 행복한가요?

chapter 1   내 삶을 결정하는 것들   14

chapter 2   마음 가는 대로   25

chapter 3   자문자답의 힘   35

chapter 4   행복한 삶으로 이끄는 두 가지 능력   45

chapter 5   하이힐 바이러스   54

PART **2**／ 여자의 삶, 진지한 블록버스터

chapter 6   20대는 모르는 30대의 눈물   62

chapter 7   커리어 우먼으로 살고 있는가?   69

chapter 8   타잔의 룰을 이해 못하는 제인   79

chapter 9   선택과 집중   92

chapter 10   여성 리더는 왜 외로울까   101

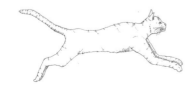

PART 3 / 성깔 있네? 살아 있네!

chapter 11 아프로디테에게 없는 아테나의 능력   109

chapter 12 피할 수 없다면?   119

chapter 13 누구나 빨간 버튼 하나는 품고 산다   130

chapter 14 참을 인忍 세 개면 숨넘어간다   141

chapter 15 알아듣게 말하기   154

PART 4 / 갇힌 공주보다 차라리 마녀를

chapter 16 내일은 행복할까?   168

chapter 17 함께 있어 행복한 여자   181

chapter 18 나만의 역린逆鱗 찾기   192

chapter 19 위대한 혼잣말   212

chapter 20 결국은 행복   221

epilogue 제대로 성깔 부리는 여자가 아름답다   228

PART 1

/

당신,
행복한가요?

chapter 1

내 삶을
결정하는 것들

오늘도 저지르고 말았다

인생이 후회의 연속이라고는 하지만 매번 후회할 때마다 아무렇지 않은 사람은 없을 겁니다. 그러나 아무리 정신을 바짝 차리고 살아가려고 해도 어느 순간 우리는 자신도 모르게 후회할 짓을 저지릅니다. 말이 나온 김에 우리가 흔히 저지르는 '후회할 짓'들에 대해 잠시 살펴볼까요?

지르고 말았어!

평소 비싸서 구입할 엄두도 못 내고 있던 옷이 오늘 세일을 합니다. 밤마다 꿈속에 나왔던 바로 그 옷입니다. 하지만 세일을 해도 가격이 만만치 않습니다. 몇 달 동안 할부금 갚느라 허덕일 생각을 하니 조금 망설여지기도 합니다. 그러나 어느새 내 손에는 쇼핑백과 카드 전표가 들려 있습니다. 집에 오자마자 거울 앞에서 오늘 산 옷을 입어보며 행복에 빠집니다. 행여 구김이라도 갈까 조심스럽게 옷걸이에 걸어 옷장 안에 넣습니다. 그런데 이상한 건 이렇게 고이 모셔진 옷들이 꽤 많은데도 막상 외출할 때가 되면 입었던 옷만 입게 된다는 것입니다. 그러다 보니 입을 옷이 없다는 생각을 하게 됩니다. 다달이 날아오는 카드 사용 고지서만이 옷의 존재를 확인시켜 줄 뿐입니다.

먹고 말았어!

다이어트를 하고 있다고 말하고 다닌 지 1년째. 여전히 좋아하는 음식이 앞에 있으면 참지 못하고 먹어치웁니다. 다이어트를 시작한 이후 성격이 예민해져서 친구들한테 그냥 다이어트하지 말라는 소리를 많이 들었습니다. 하지만 예전의 몸매로 돌아가기 위해서는 다이어트를 해야만 합니다. 어제는 굶었으니 오늘은 좀 먹어도 된다고 스스로를 합리화합니다. 그런데 큰일입니다. 내일 중요한 약속이 있다는 것을 깜박했습니다. 하지만 후회도 잠시 '하루 더 먹는다고 어떻게 되지는 않겠지'라며 스스로를 안심시킵니다. 다이어트는 원래 내일부터 하는 것이요, 포토샵으로 하는 것이 아니었던가요!

안 가고 말았어!

자기계발을 위해 영어회화 강의를 신청했습니다. 그런데 막상 개강일이 되자 가기 귀찮다는 생각이 듭니다. 오늘따라 일이 많은 까닭도 있습니다. 일을 마치고 나니 지금 출발해도 강의가 끝날 때쯤이나 도착할 것 같습니다. 뭐 어떡하겠습니까? 일 때문에 못간 걸.

누구에게나 갈등의 순간은 찾아오고, 눈앞의 욕구에 지는 일도 허다합니다. 저 역시 그렇습니다. 다이어트를 결심한 지는 벌써 3년째이고, 영어공부를 다짐한 지는 10년도 넘었습니다. 운동을 열심히 하리라 마음먹고 헬스클럽 1년 회원권을 끊었지만, 6개월도 채 못 다녔죠. 게다가 최근 2년 동안은 글을 쓴다는 핑계로 운동을 전혀 하지 않았습니다. 쇼핑하고 나서 후회를 하는 것도 여전합니다. 이런 짓을 반복하는 것이 나만은 아니라는 걸로 위안 삼는 것까지 똑같을 겁니다. 다른 점이 있다면, '저지르는 심리'를 이해하기에 나 자신을 다독이고 추스르기가 더 용이하다는 것입니다.

왜 항상 저질러 버리는 것일까

경제학에서는 인간을 합리적인 존재라고 믿어왔습니다. 하지만 이러한 믿음은 2002년에 노벨 경제학상을 받은 심리학자 대니얼 카너먼에 의해 깨지고 말았습니다. 그는 실험을 통해 인간이 자신이 필요로 하는 정보를 완벽하게 획득할 수 없고, 모든 정보를 갖고 있다고 하더라도 그것을 처리할 수 있는 능력이 완벽하지 않다는 사실을 입증해 냈습니다.

카너먼 박사가 한 실험은 수학식 '9×8×7×6×5×4×3×2×1'이 얼마인가라는 질문에 즉시 어림짐작으로 대답하게 하는 것이었습니다. 이 질문에 대답한 그룹의 평균 답변은 2,250이었습니다. 다른 그룹에게는 '1×2×3×4×5×6×7×8×9'의 답을 곧바로 하게 했습니다. 이 그룹의 평균 답변은 512였습니다. 정답은 양쪽 모두 362, 880이지만, 두 그룹의 평균값에는 엄청난 차이가 있었죠. 카너먼 박사는 비슷한 실험을 수없이 많이 진행했지만 결과는 비슷했습니다.

이 실험은 인간이 합리적이지 않다는 증거를 보여줍니다. 만약 합리적인 사고에 의한 결과였다면 두 그룹의 답은 비슷하게 나와야 합니다. 하지만 앞의 숫자가 1이 먼저 나오느냐 9가 나오느냐에 따라서 답변이 크게 달라졌습니다. 여기에서 우리는 인간이 어떤 결정을 내릴 때 객관적인 사실을 바탕으로 의사결정을 하는 것이 아니라 자신의 경험과 생각에 의해 짐작한다는 것을 알 수 있습니다.

이를 카너먼은 '휴리스틱Heuristic'으로 정의했습니다. 휴리스틱은 일반적으로 체험적, 어림짐작, 간편법, 발견법 등으로 해석합니다. 1905년, 알버트 아인슈타인은 노벨 물리학상 수상 논문에서 휴리스틱을 '불완전하지만 도움이 되는 방법'이라는 의미로 사용했습니다. 어림짐작으로 한 의사결정이 맞을 수도 있지만 맞지 않을 수도 있습니다. 그래서 우리는 말도 안 되는 실수를 하거나 '저질러' 버리게 됩니다.

본능에 무너지는 이성

시작은 위대했으나 끝은 흐지부지되는 문제의 원인은 우리의 뇌에 있습니다. 인간의 뇌는 신체를 보호하기 위해 진화되어 왔습니다. 뇌의 가장 중요한 기능은 몸을 주변 환경에 최적화된 상태로 만들어 생존의 가능성을 높이는 것입니다.

후뇌   중뇌   대뇌

우리의 뇌는 후뇌, 중뇌, 대뇌로 이루어져 있습니다. 후뇌를 중뇌가 감싸고 있고, 중뇌는 대뇌가 감싸고 있습니다. 그래서 대뇌의 크기가 가장 큽니다.

뇌의 가장 안쪽에 숨겨져 있는 뇌가 바로 후뇌입니다. 호흡·심장 박동·혈압 조절 등과 같은 생명 유지에 필요한 기능을 담당하고 있기 때문에 문제가 생기면 생명을 잃을 수도 있습니다. 그래서 이를 '생명의 뇌' 또는 '파충류 뇌'라고 부릅니다.

후뇌 바로 위에 있는 중뇌는 사람의 기억·감정·호르몬을 관장합니다. 또한 위아래로 모든 정보를 전달해 주는 매개체 역할을 하며, 감정과 학습기억 기능을 담당하고 있습니다. 호르몬도 여기에서 관장을 하고 있어서 감정과 기분에 많은 영향을 미칩니다.

대뇌 피질부가 있는 대뇌전뇌, 앞뇌는 가장 최근에 진화한 것입니다. 대뇌는 고도의 정신 기능과 창조 기능을 관할하고 있는, 인간만이 가진 인간의 뇌이기 때문에 '인간의 뇌' 또는 '이성의 뇌'라고 부릅니다.

외부로부터 들어오는 모든 정보는 오감시각, 청각, 후각, 미각, 청각을 통해서 들어오고, 이 정보는 후뇌와 중뇌를 거쳐서 대뇌로 이동합니다. 대뇌는 최종 판단을 내린 후 필요한 명령을 다시 후뇌로 내려 보내서 적절한 행동을 하게 합니다. 그런데 대뇌의 이성적인 판단은 중뇌와 후뇌의 감성적인 호소에 종종 무너지고 맙니다. 이것을 우리는 '마음'이라고 부릅니다.

우리에게 가끔 지름신이 강림하시는 것도 그 상품을 사고 싶은 나의 '마음'이 '이성'을 이겨버리기 때문입니다. 뒤끝이 안 좋게 헤어진 연인이 다시 만나자고 연락을 해왔을 때, 거절하지 못하고 뛰쳐나가는 것도 만나고 싶은 '마음'이 강해서입니다. 이렇게 우리는 이성보다 감정에 더 좌지우지됩니다. 과연 우리가 의지가 약해서일까요? 아니면 다른 이유가 있는 것일까요?

의사결정에 영향을 미치는 감정

감정이 의사결정에 정확히 몇 퍼센트의 영향을 미치는지에 대한 정확한 실험이나 데이터는 많지 않습니다. 다만, 대니얼 카너먼과 같은 행동경제학자들의 실험에서 추정을 할 뿐입니다. 도모노 노리오友野 典男가 쓴 《행동경제학Behavioral Economics》이라는 책을 보면 감정과 의사결정의 관계를 추정할 수 있는 사례를 찾을 수 있습니다. 도모노 노리오가 사례로 든 것은 미국의 신경과 의사인 안토니오 다마지오Antonio Damasio의 《데카르트의 오류Descartes' error》라는 책에 등장한 엘리엇이라는 환자입니다.

엘리엇은 무역회사에서 일하고 있었습니다. 그는 매우 유능하여 동료들 사이에서도 인정을 받고 사회적으로도 성공한 사람이었습니다. 그런데 어느 날 그의 뇌에서 뇌종양이 발견됐습니다. 다행히 뇌종양은 수술로 제거할 수 있었지만, 종양 때문에 손상을 입은 전두엽의 조직 일부도 같이 제거해야만 했습니다.

수술은 매우 성공적이었고, 운동능력, 언어능력, 지능과 지적인 능력에는 문제가 없었습니다. 지능지수도 높았고, 논리력, 주의력, 기억력에도 전혀 문제가 없었습니다. 계산 및 언어능력과 학습능력도 정상이었고 인격테스트에도 문제가 없었습니다. 하지만, 엘리엇은 정상생활을 하는 것이 불가능했습니다. 엘리엇이 수술 이후로 그 어떤 결정도 내릴 수 없게 되었기 때문입니다.

파일 정리처럼 매우 간단한 것조차 어떤 순서와 방식으로 할지 결정을 내리지 못했습니다. 아침에 일어나서 출근을 하고 식사를 하는 것, 화장실에 가는 것까지 다른 사람의 지시가 없으면 혼자 힘으로 할 수 있는 것이 아무것도 없었습니다.

무엇보다 가장 큰 변화는 엘리엇이 감정을 느끼지 못하게 된 것입니다. 감정을 느끼지 못하니 아무런 표현도 하지 않게 되었습니다. 그는 자신이 뇌수술 이후로 직장생활뿐만 아니라 일상생활도 제대로 못하고 있다는 사실을 그 누구보다 잘 알고 있었습니다. 하지만 그것에 대해 괴로워하거나 화내지 않았습니다. 다마지오는 정서나 감정의 쇠퇴가 엘리엇의 의사결정을 불가능하게 만들었다고 결론 내렸습니다.

의사결정이나 판단에 감정이 하는 역할이 중요하다고 인식하기 시작한 것은 심리학자 로버트 제이존크로부터였습니다. 이후 안토니오 다마지오나 조지프 르두 같은 신경과학자는 감정이 없으면 적절한 판단이나 결정을 할 수 없다는 사실을 밝혀냈습니다.

제이존크는 모든 지각과 인식은 감정을 동반한다고 주장했습니다. 사람들은 중요한 결정을 내릴 때 객관적인 자료나 대안을 검토하고 자신에게 생기는 이익을 고려해서 심사숙고한다고 생각하지만 사실은 그런 경우가 희박하다는 것입니다.

쉽게 말해, 가방이 필요하다고 생각하는 것은 그 가방이 '좋다'라는 뜻이고, 이것을 합리화하기 위해서 가방이 필요한 이유를 수없이 늘어놓는다는 것입니다.

내 삶을 결정하는 '마음'

회사를 운영하는 제 입장에서는 직원들을 본의 아니게 평가하는 경우가 있습니다. 평가의 기준은 일을 잘하고 못하고가 아니고, 일을 좋아하고 싫어하고의 차이입니다.

열정을 갖고 일을 하는지의 여부는 아주 사소한 것에서 발견할 수 있습니다. 직원을 채용하고 나면 가장 먼저 시키는 일이 사무실 정리입니다. 정리를 시켜보면 이 사람이 꼼꼼한지 아닌지도 알 수 있지만 동시에 우리 회사에서 얼마나 열정을 갖고 일하고 싶은지도 알게 됩니다. 꼼꼼하게 정리하는 힘은 그의 능력치가 아닌 마음에서 오기 때문입니다.

또한 회사에 열정을 갖고 최선을 다하고자 하는 직원의 경우 아침 출근시간이 대체로 이릅니다. 업무 전에는 알아서 정리정돈을 하고 일할 준비를 합니다. 그런데 열정이 사라졌거나, 다른 회사로 이직하고 싶어 하는 직원들의 경우 출근 시간이 늦어집니다. 안 그러던 사람이 때때로 지각까지 하죠.

회사에 출근하고 싶은 마음이 들면 출근을 준비하는 시간을 고려해서 눈이 빨리 떠집니다. 반면에 출근하기 싫은 마음이 들면 알람이 아무리 울려도 5분만 10분만 더 하다가 간신히 출근을 합니다. 그래서 회사의 CEO나 리더들은 직원의 출근 시간을 보거나 일하는 것을 5분만 봐도 그 직원이 열심히 일하고 싶은지 일하기 싫은지를 금방 알 수 있다고 합니다.

물리학에 '에너지 총량 불변의 법칙'이 있습니다. 에너지란 일을 할 수 있는 능력을 말합니다. 여기에서 일work이란 물리적인 양으로 의자에 앉기 위해서 의자를 빼는 힘을 가했을 때 그 힘이 의자를 움직이는 힘으로 바뀐 것을 말합니다. 에너지는 그 총량이 보존되는 한도 안에서 모든 가능한 형태로 바뀔 수 있습니다.

감정에도 에너지 총량 불변의 법칙을 적용할 수 있습니다. 이를 감정 총량의 법칙이라고 말할 수 있는데, 사람에게도 감정이라는 에너지가 있어서 이 에너지가 다양한 방법으로 바뀌는 것입니다.

출근하기 싫은 직원은 그 감정이 잠이라는 행동으로 표현되어 지각하는 형태로 나타납니다. 열심히 일하고 싶어 하는 직원은 청소같이 사소한 것이더라도 꼼꼼하고 열심히 노력하는 형태로 나타납니다. 직장 상사에게 화가 난 경우, 짜증을 내거나 뒷담화를 하는 형태로 나타납니다.

감정은 자극에 대한 그 사람의 실제 반응이고 태도입니다. 감정을 직접적으로 드러내는 사람도 있고, 상대방이 어떻게 생각하고 반응할지를 고려해서 조금씩 더하거나 빼는 사람도 있습니다.

하지만 감정 자체는 각색할 수 없습니다. 자극에 대한 즉각적인 감정은 그 어떤 것도 더하지 않은 그 순간이 진실이고 진심인 것입니다.

스탠퍼드 대학의 제임스 그로스 교수와 텍사스 대학의 제인 리처드 교수는 감정과 관련된 흥미로운 실험을 한 적이 있습니다. 두 사람은 실험 대상을 두 그룹으로 나눈 뒤 영화를 보여주고, 한 그룹에게는 감정을 억누르라고 지시했습니다. 그리고 다른 그룹에는 별다른 지시를 하지 않았습니다. 영화가 끝난 후, 두 그룹을 대상으로 영화의 내용을 묻는 기억력 테스트를 했습니다. 그러자 감정을 억누르라는 지시를 받은 그룹은 별다른 지시를 하지 않은 그룹에 비해서 영화의 줄거리를 잘 기억하지 못했습니다. 감정을 억누르라고 지시한 팀은 감정을 억누르는 데 자신의 에너지를 모두 쏟아부었기 때문에 다른 내용을 기억하지 못하게 된 것입니다.

이처럼 감정은 우리의 삶을 결정하는 데 중요한 역할을 하고 있습니다. 감정에 무지하면 결국 감정이 휘두르는 대로 흘러갑니다. 그러므로 내 마음이 어디로 향하고 있는지 항상 귀를 기울여야 내 삶이 어디로 향하고 있는지도 알 수 있게 됩니다.

마음이 팔자를 만듭니다. 지금부터 마음이 이끄는 대로 한번 가보시겠습니까?

chapter 2

마음
가는 대로

오지랖 넓은 잔소리꾼들 속에서

결혼한 지 2, 3년이 지나도 아이가 없으면 주변에서는 '일 때문에 아이를 안 갖는 것이냐', '그러면 안 된다', '아이는 꼭 있어야 한다'는 등 조언을 아끼지 않습니다. 사실, 이런 말들은 불임인 부부에게는 언어폭력에 가깝습니다. 일부러 아이를 갖지 않기로 결심한 부부에게도 의미 없기는 마찬가지입니다. 이들이 그런 결정을 내리기까지 수많은 고민이 있었을 것입니다. 나쁜 의도는 아니었겠지만 이런 부부들에게 조언을 한다며 아픈 부분을 건드리는 것은 오지랖이 넓어도 너무 넓다고밖에 볼 수 없습니다.

안타깝게도 요즘은 난임 혹은 불임 부부들이 늘어나고 있습니다. 그런데 사람들은 그들의 고통을 먼저 생각하기보다는 자신의 머릿속에 떠오르는 말을 여과 없이 내뱉는 경우가 많습니다. 그러나 이들에게 비수가 되는 말을 툭툭 던지는 사람들은 그저 알고 지내는 사이인 정도인 경우가 대부분입니다. 정말 마음을 터놓는 소중한 사람들은 이미 알고 있거나 그런 말을 할 리가 없기 때문입니다.

"왜 아이를 갖지 않냐?"고 물어보는 사람들에게 "저 불임인데요"라고 대답하면 대부분 민망해합니다. 그러나 이에 굴하지 않고 "노력은 해봤어? 노력을 해야지. 시험관 아기도 있잖아"라며 따지듯이 물어보는 사람들도 더러 있습니다. 이렇게 의도치 않은 폭언을 하는 사람들은 어디를 가더라도 흔하게 만날 수 있습니다.

예전에 친구 두 명이 결혼에 관한 말을 주고받는 CF가 있었습니다.

"결혼은 안 해? 지금 결혼해도 노산이야."

친구 중 한 명은 이런 말을 하며 손에 들려 있는 총으로 다른 친구를 쏘는 시늉을 합니다. 이 말을 들은 친구는 이렇게 대답합니다.

"그러게, 너 사는 거 보니까 결혼하기 겁나더라고."

그러면서 질문을 한 친구를 향해 똑같이 총으로 쏘는 듯한 행동을 합니다. 이는 무심코 던진 말이 상대방에게는 언어폭력이 될 수 있다는 것을 일깨워 주는 공익 광고였습니다. 이런 광고가 방영된다는 것은 우리 주변에 이런 사람들이 많다는 반증일 것입니다.

정말 이런 사람들이 많을까 궁금한 마음에 한동안 주변 사람들을 주의 깊게 관찰했습니다. 그 결과 아무 뜻 없이 인사치레로 한 말로 상대의 마음을 후벼 파는 경우를 꽤 여러 번 목격하게 되었습니다.

사람들은 나에게 관심이 없다

사실 사람들은 자신의 삶 이외에 다른 사람의 삶에 그다지 관심이 없습니다. 앞에서 옷을 벗고 춤추는 사람이 있다고 해도 잠깐 동안의 얘깃거리에 지나지 않습니다. 오랜만에 어떤 사람을 만나 인사를 하려고 보니 그 사람에 대해 아는 것이라고는 '결혼은 했는데 아직 자녀가 없는 사람'인 것이 전부라고 해봅시다. 그럴 경우 무심코 "아직도 애가 없어?"라는 질문을 하게 됩니다. 정말로 애가 없는 것이 궁금한 것이 아니라 그냥 인사치레로 물어보는 말인 것입니다.

사람들이 다른 사람의 삶에 큰 관심이 없다는 사실을 일찍 깨닫게 된 에피소드가 있습니다. 고등학교에 다닐 때였습니다. 친구들과 길을 가다가 발을 헛디뎌 벌러덩 넘어진 적이 있었습니다. 친구들은 그 모습이 웃기다며 막 놀려댔습니다. 저 역시 그 상황이 몇 번이나 떠올라 창피했지만, 얼마 지나지 않아 제가 우스꽝스럽게 넘어진 것을 함께 있었던 친구들조차 잊었다는 사실을 알게 됐습니다. 거기에 생각이 미치자 더 이상 창피한 마음이 들지 않았습니다.

1990년대 하버드 대학교 심리학 교수인 크리스토퍼 차브리스와 대니얼 사이먼스는 흰 티셔츠를 입은 팀과 검은 티셔츠를 입고 있는 두 팀이 서로 농구공을 패스하고 있는 영상을 촬영했습니다. 그리고 실험 대상자들에게 영상을 보면서 흰색 옷을 입은 선수들이 패스를 몇 번 하는지 세라는 과제를 내주었습니다. 그런데 이 영상을 자세히 살펴보면 고릴라 복장을 한 사람이 중간에 등장해서 가슴을 치고는 퇴장하는 것을 볼 수 있습니다.

두 사람은 과제를 종료하고 실험 참가자에게 질문을 했습니다. 영상을 보면서 뭔가 이상한 것을 보았는지, 혹시 중간에 지나간 고릴라를 보았는지 물어본 것입니다. 과제를 수행한 사람들 중 절반 이상이 고릴라를 보지 못했다고 답변했습니다.

EBS 다큐멘터리 〈인간의 두 얼굴〉 편에서도 비슷한 실험을 했습니다. 상담을 받는 환자의 눈앞에서 의사가 바뀌어도 알아보는 사람이 20퍼센트 미만이었고, 농구장에서 전신 쫄쫄이를 입고 돌아다녀도 그것을 알아채는 사람은 거의 없었습니다.

이처럼 사람들은 자신 이외의 사람들에게 큰 관심이 없습니다. "취업했나? 아직도 취업을 못하면 어떡해?", "아직 결혼 안 했어? 빨리 결혼해야 할 텐데" 등의 질문은 "식사하셨어요?"와 비슷한 질문입니다. 이런 질문을 하는 사람들 대다수는 정말로 대답을 바라고 하는 것이 아닙니다. 그저 대화를 시작하기 위한 포문을 여는 것일 뿐입니다. 그러나 질문을 받는 사람의 입장에서는 가볍게 넘어가기가 쉽지 않습니다.

친한 사이에서도 이런 불편한 질문들을 하는 경우가 종종 있는데 특히 명절 때가 그렇습니다. 명절 때가 되면 덕담을 나눈다는 핑계 아래 서로에게 상처를 주는 말들을 할 때가 많습니다.

심리학자인 하워드 카지노브Howard Kassinove와 레이먼드 칩Raymond Chip이 집필한 《분노 관리하기Anger management》에서는 분노를 발생시키는 사건 중 80퍼센트가 자신이 아니라 다른 사람들의 행동에 의해서 일어난다고 밝히고 있습니다. 그리고 화가 나는 사건의 70퍼센트는 친밀한 사람과 관련이 있다고 주장했습니다.

그러나 아무리 화가 나는 상황이라고 할지라도 자신이 어떻게 받아들이고 판단을 하는지에 따라 그 결과는 달라집니다. 오지랖 넓은 사람들이 무심코 던진 말에 민감하게 반응할 필요가 없다는 것입니다. 멀리서 날아온 돌을 고이고이 간직할 필요가 없는 것처럼 말이죠.

나의 마음에게 물어보라

요즘은 취업이 힘들어서, 혹은 직장 스트레스가 싫어서 아르바이트만으로 살아가기를 선택하는 사람들이 있습니다. 먹고살기 힘들다 보니 결혼보다는 혼자만의 삶을 택하는 사람들도 늘어나고 있습니다. 또한 결혼 연령이 높아지면서 노산을 걱정해야 하는 사람도 많습니다. 부부가 신체적으로 건강한데도 난임인 경우가 늘었고, 그래서 아이를 낳지 않기로 결심하는 사람들도 있습니다. 이처럼 타의에 의해서 살아가는 것처럼 보이지만 결국 자신이 원하는 대로 삶을 살아가는 사람들이 늘어나고 있습니다.

그런데 우리 사회는 이런 사람들을 고운 시선으로 바라보지 않습니다. 사람들은 각자 다른 눈금의 자를 들고 살아가는데도 '일반적'이라는 잣대를 함부로 들이대면서 상처를 줍니다.

문제는 정작 상처를 준 사람은 기억하지 못한다는 것입니다. 상처를 입은 사람만이 오랫동안 상처를 지닌 채 살아갑니다. 그래서 상처를 받기 싫은 사람들은 대충 대답을 얼버무리고 자리를 피해 버리고 맙니다.

그러나 상처를 주는 상황이 밥 먹듯이 일어나는 한국 사회에서 피하기만 하는 것은 해결책이 될 수 없습니다. 그렇다고 일일이 대응을 하자니 피곤하기만 합니다. 그렇다면 우리는 어떻게 해야 할까요?

감정연구와 비언어적 커뮤니케이션 분야의 선구자 폴 에크만 Paul Ekman 박사는《표정의 심리학 Emotions Revealed: Recognizing Faces and Feelings to Improve Communication and Emotional Life》에서 "사람은 누구나 두려움이나 화, 역겨움, 슬픔, 괴로움 같은 부정적인 감정을 느끼고 싶어 하지 않는다, 하지만 우리는 이런 감정 없이는 살아갈 수 없다"고 밝혔습니다. 부정적인 감정도 삶을 살아가는 데 꼭 필요한 요소라는 말입니다.

감정 조절력을 상실한 환자들은 아침에 밥을 먹을지 빵을 먹을지를 결정하는 일조차 힘들어합니다. 둘 중에 어느 하나를 고르는 것은 이성적으로 판단하는 것이 아니라 감성적으로 판단하는 것이기 때문입니다. 밥 또는 빵에 아무런 감정을 느끼지 못하는 사람들은 무엇을 먹을지 결정하기 어렵습니다. 이처럼 감정은 우리가 삶을 살아가는 데 필수적인 요소입니다.

사회생활을 하다 보면 불편한 상황들을 자주 맞닥뜨리게 됩니다. 이때마다 자리를 피해버리거나 표정관리를 하지 못하면 사회생활을 하기 힘들어집니다. 어떤 일을 하는데 불쾌한 감정이 생겨서 진행이 잘 안 된다고 생각해 봅시다. 우리는 일이 잘못된 것을 단지 불쾌한 감정 때문이라고 여기기 쉽습니다. 하지만 다시 생각해 보면 불쾌한 감정에 있는 게 아니라 그런 감정을 다스리지 못한 것이 문제라는 것을 알 수 있습니다.

이 세상 어디를 가더라도 기분을 상하게 하는 말이나 행동을 하는 사람들을 피할 수는 없습니다. 그렇다고 감정이 상할 때마다 화를 내거나 속으로 끙끙 앓는다면 정상적인 삶을 살기 어렵습니다. 따라서 매 상황마다 감정을 적절히 다스려야 합니다.

그런데 감정을 잘 다스린다는 것을 아무런 표현도 안 하고 참

아내는 것이라 생각하는 사람들이 있습니다. 그러나 이는 잘못된 생각입니다. 감정을 잘 다스린다는 것은 상대에게 공감하는 등 자신의 감정을 적절히 활용하고, 좋지 않은 상황에서도 감정대로만 행동하지 않는 것입니다. 감정이 상하는 상황이 되면 관계를 깨트리지 않고 자신의 기분을 상대방에게 잘 전달하거나 전달할 수 없는 상황이라면 그 사실을 인지하고 표현하지 않는 것이 바로 감정을 다스리는 것입니다.

감정과 성숙에 관한 연구자들은 인간이 경험할 수 있는 감정의 종류가 많고 감정의 폭이 넓을수록 신체적 건강뿐 아니라 정신적 건강에도 좋다는 것을 밝혀냈습니다. 다시 말해, 다양한 감정을 경험하고 그 감정들이 무엇인지 표현할 수 있는 사람, 나아가 감정을 잘 조절할 수 있는 사람이 바로 성숙하고 건강한 사람입니다.

프레이밍 효과

컵에 물이 반 정도 남아 있는 것을 보고 어떤 사람은 '물이 반밖에 없다'고 말하고 어떤 사람은 '물이 반이나 남아 있다'고 말합니다. 똑같은 상황을 맞이하고서도 어떻게 생각하느냐에 따라 부정적인 사람이 될 수도 긍정적인 사람이 될 수도 있다는 것이죠.

그런데 미국의 유명한 코미디언 조지 칼린은 이에 대해 좀 더 색다른 생각을 내놓았습니다.

"컵의 물이 반 정도 차 있다고 생각하는 사람이 있으면 반 정도 비었다고 생각하는 사람도 있다. 하지만 나는 컵이 너무 크다고 생각한다."

이 얼마나 멋진 말입니까. 어찌 보면 단순한 생각일 수도 있지만, 새로운 관점으로 보는 것은 그리 쉬운 일이 아닙니다. 이처럼 보는 관점에 따라 다르게 해석되는 현상을 '프레이밍 효과 Framming Effect'라고 합니다.

산부인과에서는 신체에 아무 이상 없는 남녀가 정기적인 성관계를 갖는데도 2년 동안 아이가 생기지 않으면 '불임'으로 판단합니다. 산부인과라도 다녀오는 날이면 처량한 생각이 들 수도 있습니다.

모임이나 동호회에 나가는 경우는 순식간에 딩크족으로 변신해 자신들의 행복과 편안함을 위해서 종족의 번식 따위는 신경 쓰지 않는 쿨하고 멋지게 사는 부부로 변신하는 사람도 있습니다. 하지만 그들 부부는 불임 부부도 아니고 딩크족도 아닙니다. 그저 자녀 계획이 다른 사람들과는 조금 다를 뿐입니다.

앞서도 말했지만, "왜 아이를 가지지 않느냐"는 질문을 받을 때는 "병원에서 그러는데 정상적인 부부가 2년 동안 아이가 생기지 않으면 불임이라고 하네요"라고 대답해 봅시다. 그런데 이런 말을 하면서 화가 나거나 슬픈 감정이 들지 않는다면 이 문제에 관해 그동안 남편과 수많은 대화를 나누고 고민하는 시간을 가졌기 때문입니다.

그리고 이런 일이 있을 때마다 아직도 우리가 내린 결론에 이의가 없는지, 다른 의견이 생긴 것은 아닌지, 생각이 바뀐 것은 아닌지 대화하기를 권합니다. 만약 변화가 없다면 딩크족도 아니고 불임부부도 아닙니다. 자녀가 없는 것을 우려하는 사람 앞에서든, 삶을 즐기는 것을 부러워하는 사람 앞에서든 부부의 생활과 생각은 변하지 않으면 됩니다. 그저 원하는 삶을 살아가면 됩니다. 과연, 그 부부에게 아이가 없는 것이 문제일까요? 아니면 질문만 던지고 사라져 간 그들이 문제일까요?

chapter 3

자문자답의
힘

손들어 보세요

강의를 다니며 대학생들에게 자주 하는 질문이 있습니다.

"지금 다니고 있는 학과에 들어오기 위해서 치열하게 노력한 사람은 손들어 보세요."

어느 곳이든 이 질문에 손을 드는 사람은 다섯 명이 채 되지 않았습니다. 단 한 명도 손을 들지 않는 경우도 있었습니다.

왜 그럴까요? 그 이유는 전공을 중심으로 선택한 것이 아니라 성적에 맞춰서 대학을 선택했기 때문입니다. 직장을 선택할 때도 마찬가지입니다. 자신이 하고 싶은 일을 찾는 것이 아니라 스펙에 맞추어 회사를 선택합니다. 이러다 보니 결혼도 별반 다를 것이 없습니다. 조건을 맞춰 결혼하는 것이죠.

아참, 경기도 지역의 한 전문대학에서 위와 같은 질문을 했는데, 약 70퍼센트의 학생이 손을 든 적이 있었습니다. 속으로 놀라며 다시 질문을 던졌습니다.

"자신의 학비를 자기 스스로 벌어서 학교를 다니는 사람이 있으면 손들어 보세요."

그러자 무려 20퍼센트의 학생이 손을 들었습니다. 이런 결과가 나온 학과는 실용음악과였는데, 이 대학 저 대학 다니며 비슷한 질문을 했던 중 가장 뿌듯한 순간이었습니다.

고백하자면 저 역시 점수에 맞추어 여기저기에 원서를 넣었습니다. 다행히 몇 군데 합격을 했는데, 전공이나 취업률, 학교의 수준 등을 비교해서 가장 나은 곳을 선택했습니다. 졸업 후에는 스펙에 맞추어 적당한 직장을 알아보고, 그중 한 곳을 선택해 입사했습니다.

대부분 비슷한 선택을 하며 살아왔을 것입니다. 그런데 결국은 이런 선택 때문에 숨 막히는 순간을 맞이하기도 합니다. 저는 24살에 입사한 첫 직장에서 그런 순간을 맞이했습니다.

나에게 길을 묻다

대학을 졸업하고 입사한 직장은 나름대로 괜찮은 직장이었습니다. 근무 환경도 좋았고 보수도 괜찮았습니다. 그리고 무엇보다 이름을 대면 누구나 아는 직장이었기 때문에 자부심도 있었습니다. 그런데 그 자부심이 깨지기까지는 채 1년이 걸리지 않았습니다.

입사한 지 1년 만에 회사에서는 제가 소속되어 있던 사업부를 정리했습니다. 말 그대로 24살의 나이에 정리해고를 당하게 된 것이죠. 아직 어린 나이이니 다른 직장을 구하면 된다고 생각하는 사람들이 있겠지만, 당시에는 엄청난 충격이었습니다. 그래서 저는 한 가지 결심을 하게 됐습니다. 앞으로 그 어떤 사람도 나를 해고하지 못하게 하겠다는 결심이었습니다.

그런 결심을 한 후 진지하게 고민을 해보니 세 가지 길이 떠올랐습니다. 첫 번째는 결혼하고 전업주부의 길을 가는 것, 일명 '취집'이었죠. 단순히 돈 많은 집안으로 시집가면 해피엔딩일 것이라고 생각하기에는 제 커리어를 쌓고 싶은 스스로의 욕구가 크다는 것을 너무나 잘 알고 있었습니다.

두 번째는 자영업이었습니다. 자영업을 하려면 자본이 필요한데, 돈이 별로 없으니 트럭에 배추를 싣고 다니며 파는 일도 쉽지 않다는 것을 알 수 있었습니다. 일단은 농담 반 진담 반으로 트럭을 운전할 수 있는 1종 보통 면허증을 먼저 따두었습니다.

세 번째 방법은 전문 직업을 갖는 것이었습니다. 머릿속에 변호사, 의사, 간호사, 노무사, 회계사, 약사 등 여러 가지 직업이 떠올랐습니다. 그런데 그때부터 공부를 다시 시작하면 잘해야 서른이 넘어서야 끝난다고 생각하니 엄두가 나지 않았습니다.

이래저래 생각을 해보니 세 가지 길 중 어느 하나 마음에 쏙 드는 것이 없었습니다. 그래서 다시 한 번 스스로에게 묻기 시작 했습니다.

'과연 어느 누구도 나를 정리해고 할 수 없는 직업으로 무엇이 있 을까?'

이 질문에 대한 대답을 얻기까지는 무려 2년이라는 시간이 걸 렸습니다. 첫 시도는 한 컨설팅회사에 근무하는 것이었습니다. 우연히 알게 된 컨설팅회사 대표에게 회사에 남는 자리가 있으면 일하면서 배울 수 있게 해줄 수 있냐고 부탁했습니다. 말도 안 되 는 부탁이었지만 그 분은 흔쾌히 수락을 해주었습니다.

그 후로 1년간 그 회사에 근무하면서 연봉 계약을 하지 않았 기에 급여를 받지 않았습니다. 어깨 너머로 일을 배우며 거래처 미팅과 온라인 마케팅 등 할 일을 찾아나갔습니다. 1년 동안 회 사에 꽤 많은 매출을 올려주었지만, 수당으로 받은 돈이라고는 10만 원밖에 안 되었습니다. 하지만 그때나 지금이나 후회하지 않았습니다. 지금 제가 회사를 운영하면서 생길 수 있는 수많은 시행착오를 그곳에서 경험했기 때문입니다.

저는 약속한 대로 딱 1년만 근무하고 컨설팅 회사를 나왔습니 다. 그때의 경험을 바탕으로 아무리 치이고 깨지고 밟히더라도 흔들리지 않고 갈 길을 갔습니다. 자신과 충분한 대화를 한 후에 결정한 일이기 때문에 가능했던 일이었습니다.

사실 아무도 나를 해고하지 못하게 하겠다고 결심한 그 순간부터 오히려 단 한 번도 미래가 불안하지 않은 적은 없었습니다. 그럴 때마다 '취업을 해서 월급을 받으면 편한데 왜 이런 고생을 하는 거니?'라고 스스로에게 묻고 또 물었습니다. '그냥 결혼을 할까', '공부를 더 해볼 걸 그랬나' 하는 의문도 꼬리를 이었습니다.

가끔 스카우트 제의가 오기도 하고, 회사의 교육 팀을 맡아달라는 요청이 들어오기도 했습니다. 제의를 받을 때마다 '그만큼 고생했으니 편한 길을 가도 되지 않을까?'라며 나도 모르게 스스로를 합리화 하려고 하기도 했습니다. 하지만, 그 모든 유혹을 뿌리치고 지금의 길을 가는 것을 조금도 후회하지 않습니다. 점점 굳건해져 가는 저만의 길을 지켜보는 것이 뿌듯하기만 합니다.

무엇을 선택할 것인가

어느 날 문득, 지난 삶을 되돌아보며 앞으로 어떻게 살아야 할지 고민하게 될 때가 있습니다. '지금까지 잘 살아온 건가? 앞으로 잘 살아갈 수 있을까?' 하고 말이죠. 수많은 컨설팅 경험에 비추어 볼 때 대체로 서른 즈음에 이런 고민이 깊어지는 것 같습니다.

사실 서른 살에 이뤄놓은 게 있어 봤자 얼마나 있겠습니까? 정말 열심히 살아왔다고 생각하지만 통장의 잔고를 보면 한숨만 나옵니다. 결혼할 때가 됐지만, 주변에 괜찮은 남자는 임자가 있거나 나에게 관심이 없습니다. 그나마 직장에서만큼은 경력과 실력을 어느 정도 쌓고 있지만, 남자 후배들한테 승진에서 밀리고 있습니다. 이러다 보니 더 늦기 전에 다른 시도를 해야 할 것 같다는 생각이 듭니다. 그러나 새로운 직업을 선택하기에는 늦은 것 같고, 지금까지 해 놓은 것이 아깝기도 해서 고민만 하다 결론을 내리지 못합니다.

대부분의 사람들은 딸기우유와 초코우유 중에서 어느 것을 먹을 지 쉽게 선택합니다. 유재석, 강호동, 신동엽 중에 누구를 제일 좋아하는지, 로맨틱 코미디와 미스터리, 액션물 중에 무엇을 더 좋아하는지도 마찬가지입니다. 이것들은 모두 한 번쯤은 먹어보고 경험해 봤기 때문에 호불호好不好가 명확합니다.

반면에 처음 가본 여행지에서 처음 보는 음식을 선택하거나, 처음 보는 사람을 평가하는 것은 쉽지 않습니다. 이런 경우 자연스럽게 누군가에게 도움을 청합니다. 인생에 있어 중요한 결정을 내려야 할 때도 마찬가지입니다. 낯선 갈림길 앞에서 누군가에게 조언을 구하는 것은 어찌 보면 자연스러운 일입니다. 처음이니까요.

그래서 대부분은 자신이 원하는 것을 선택하는 것이 아니라 최소저항경로를 선택합니다. 여러 가지 선택지 중에서 최소한의 노력으로 실행할 수 있는 것을 선택하는 것이죠.

웹서핑을 하다가 소프트웨어를 설치해야 한다는 경고 메시지가 뜨면 세부 내용을 읽어보지 않고 '다음'을 눌러서 설치해 버리는 경우가 그런 경우입니다. 가전제품을 구입해서 수명이 다할 때까지 처음 설정된 그대로 사용하는 것도 마찬가지입니다.

이처럼 우리는 인생에서 중요한 선택을 할 때도 늘 최소저항 경로를 선택하고 맙니다. 현재의 삶이 크게 변화하지 않는 선에서 선택하려는 경향이 있기 때문이죠. 지금까지의 삶을 꼼꼼히 되돌아보기 바랍니다. 내 마음이 가는 대로 선택을 했다고 생각한 것들이 실제로는 시간과 노력이 덜 들어가는 것을 선택한 것인지도 모릅니다.

나이아가라 신드롬

캐나다와 미국 국경 사이에 있는 나이아가라 폭포는 죽기 전에 꼭 가봐야 하는 자연 절경입니다. 물이 떨어지는 힘이 얼마나 강한지 매년 평균 1.5센티미터씩 침식되고 있다고 합니다. 폭포에서 멀리 떨어져 있어도 초당 7,000톤씩 떨어지는 물로 인해서 폭포 둘레에는 가랑비가 내리는 것과 같은 느낌이 든다고 합니다.

그런데 이렇게 아름다운 곳에서 매년 수십 명이 익사한다고 합니다. 배를 타고 폭포를 관람하다가 엄청난 소리와 아름다움에 넋을 잃어 폭포에서 빠져나갈 타이밍을 놓치기 때문입니다.

앤서니 라빈스Anthony Robbins가 쓴《네 안에 잠든 거인을 깨워라 Awaken the Giant Within》에 나오는 이야기입니다. 라빈스는 이를 '나이아가라 신드롬'이라고 불렀습니다.

인생의 중요한 갈림길에서 최소저항경로를 선택하는 것은 물에 빠져 죽는 것도 모른 채 넋 놓고 있는 것과 같습니다. 살기 위해서는 열심히 노를 저어 물가로 가야 하듯이, 오로지 쉬운 길만 찾다가는 오히려 위험에 빠질 수 있습니다.

성장해야 하는 것은 사회만이 아닙니다. 사회를 구성하는 개개인이 성장을 해야 건강한 사회가 될 수 있습니다. 그런데 사람들은 성장을 하는 대신 미래에 대한 막연한 두려움 때문에 자꾸만 최소저항경로를 선택합니다.

선택하고자 한다면 나에게 길을 물어라

만약 우리가 대전에서 서울로 가야 하는 경우라면 출발지점과 도착지점이 명확하기 때문에 교통편을 선택하기가 쉽습니다. 기차를 탈 것인지, 고속버스를 탈 것인지, 승용차를 몰고 갈 것인지, 혹은 걸어서 갈 것인지, 자전거를 타고 갈 것인지 등등 자신의 체력과 시간과 금전적 여유에 따라 선택할 수 있는 수단은 다양합니다. 하지만 출발지점이나 도착지점을 모르는 경우 그 어떤 것도 선택할 수가 없습니다.

삶도 마찬가지입니다. 목표지점으로 가기 위해서는 먼저 출발지점을 알고 있어야 합니다. 물론 그 출발지점은 자신 안에 있습니다. 자신이 좋아하는 것은 무엇인지, 싫어하는 것은 무엇인지, 관심 있는 것과 하고 싶은 것, 잘하는 것과 하기 싫은 것은 자신만이 알고 있습니다.

부모와 친구는 나에 대해 단편적으로 알고 있을 가능성이 높습니다. 따라서 어떤 선택을 해야 할 때는 자기 자신에게 진지하게 물어보고 치열하게 고민해야 합니다. 그렇게 해서 출발지점을 알아야 목표지점을 선택하기가 쉽습니다.

30대가 되면 인생에 있어 큰 결정을 내려야 할 것들이 종종 있습니다. 이 직장을 계속 다닐 것인지, 아이 낳고도 할 수 있는 일을 찾아서 새로 무언가를 배워야 할 것인지, 지금 만나고 있는 남자친구와 결혼을 해야 하는지…… 끝없는 결정을 내려야 합니다. 그때마다 타인의 시선이나 충고에서 벗어나 마음을 돌아보는 시간을 갖는 것이 좋습니다.

저 역시 인생의 수많은 고비들을 겪을 때마다 조언을 구하는 분이 있습니다. 그때마다 그분은 이렇게 말했습니다.

"당신이 하고 싶은 대로 하세요."

듣는 순간에는 '뭐 이런 성의 없는 대답이 다 있나'라고 생각했지만, 이것은 그분의 진심이었습니다. 저에게도 결국 진짜 중요한 것은 '내 마음이 원하는 것'을 하는 것이었으니까요. 불안해할 필요는 없습니다. 하다 보면 자연스레 감정이 알려주기 때문입니다. 원하는 길일 경우 상상만 해도 행복한 반면, 단지 최소저항경로일 경우 부정적인 감정이 들 것입니다.

내면의 목소리에 귀를 기울여 출발지를 알아냈다면 목적지도 스스로 알아내야 합니다. 자신이 선택한 목적지가 자아실현에 있는지, 일상의 행복에 있는지, 돈을 모으고 집을 넓히는 것에 있는지, 자녀를 잘 키우는 것에 있는지, 타인에게 인정을 받는 것에 있는지 등등 구체적인 목적지에 따라 삶의 방향은 바뀌게 됩니다.

물론 꼭 어떤 길을 가야 한다는 정답은 없습니다. 누구나 결혼을 해야 하는 것도 아니고, 직장에 다녀야 하는 것도 아닙니다. 자녀를 낳아서 키워야만 행복한 것도 아니고, 돈을 많이 벌어야만 행복한 것도 아닙니다. 자신의 목적지가 다른 사람과 다르다고 해서 잘못된 선택을 한 것은 아닙니다. 오히려 다른 사람과 너무나 똑같을 경우 의심을 해봐야 합니다.

저는 돈을 모으기 시작한 지 얼마 되지 않았습니다. 불안한 마음도 있었지만 10여 년 동안 매번 벌어놓은 돈으로 강의를 듣는 등 스스로를 발전시키는 데 재투자했습니다. 마찬가지로 회사를 운영하면서도 흑자가 날 때마다 회사에 재투자해서 조금씩 성장시켜 왔습니다. 결과적으로 어느 시점부터는 회사에도 자신에게도 플러스가 늘어갔습니다.

사람들은 흔히 '평범한 게 가장 좋은 것'이라는 말을 합니다. 하지만 평범해 보이는 사람에게 "지금까지 평범하게 살아왔습니까?"라고 물어보면 백이면 백 모두 우여곡절이 많았다고 대답할 것입니다. 이 세상에 평범한 삶이 어디 있겠습니까? 그러니 미래에 대해 두려워하지 말고 내면에 귀를 기울여 보십시오. 내 마음이 갈 길을 가르쳐 줄 것입니다.

chapter 4

행복한 삶으로 이끄는
두 가지 능력

상황은 내가 원하는 대로 흘러가지 않는다

제가 고등학교를 졸업할 무렵 IMF 구제금융 사태가 터졌습니다. 큰 꿈을 갖고 있었던 것도 아니고, 특별한 재능을 갖고 있었던 것은 더더욱 아니고, 특별히 공부를 잘한 것도 아니었기에 고등학교를 졸업하면 곧장 취업이나 해야겠다는 생각을 막연하게 했습니다.

하지만, 취업에 번번이 실패하면서 세상에 쉬운 게 없다는 것을 깨닫게 되었습니다. 안 그래도 어려운 게 취업인데 IMF 구제금융 사태까지 터졌으니 말 다한 거죠. 그렇지만 아버지가 겪은 어려움에 비하면 제가 겪은 어려움은 아무것도 아니었습니다.

아버지는 공기업을 다니고 계셨지만 IMF 구제금융 사태를 피해가지는 못했습니다. 그 당시 중소기업은 물론 대기업들도 휘청거릴 때였으니 공기업이라고 무사할 수는 없었습니다. 당시 우리나라는 IMF의 요청에 의해서 나라 전체가 구조조정에 들어갔고, 공기업들도 임직원들의 명예퇴직 신청을 받았습니다.

아버지 또한 명예퇴직에 대해 심각하게 고민하셨습니다. 정년퇴직이 보장되지 않는 상황에서 그대로 회사에 남아 있어야 하나, 아니면 퇴직금이라도 받아서 따로 살길을 찾아봐야 되나 하는 고민이었습니다. 아버지는 새로운 도전을 결심하고 명예퇴직의 길을 선택했습니다.

당시에는 흔한 사연이었지만 당사자 개개인에게는 인생 전체가 흔들리는 위기였습니다. 안타깝게도 옆에서 지켜보는 가족들은 아무런 힘이 되어 주지 못했습니다. 이렇게 IMF 구제금융 사태는 52세의 아버지와 18세의 딸뿐만 아니라 대한민국 전체를 고통의 수렁 속으로 빠뜨렸습니다.

사회생활을 시작하기 전에는 내가 하고 싶은 것은 무엇이든 할 수 있을 줄 알았습니다. 취업 역시 이력서만 내면 턱하니 입사할 줄 알았고, 순풍에 돛 단 듯 인생을 살아갈 줄 알았습니다. 아마 대부분의 사람들이 그렇게 생각할 것입니다.

그런데 막상 졸업을 하고 사회에 뛰어들어 보니 취직은 잘 안 되고 취직을 하고 나서도 직장생활이 순탄하지 않았습니다. 직장에서 이리 밟히고 저리 치이며 20대를 보냈지만, 30대가 되어도 그리 나아지진 않았습니다. 오히려 고통의 강도가 더욱 커진다는 생각이 들었습니다. 그렇게 좌절은 자주 일상 속에 스며들곤 했습니다.

선택할 수 있는 것들은 의외로 많다

인생을 살아가다 보면 우리가 선택할 수 있는 것과 선택할 수 없는 것을 맞닥뜨릴 때가 있습니다. IMF 구제금융 사태 같은 경우는 선택이 불가능한 경우죠. 취업을 하고 나서 성격 좋은 상사를 내 마음대로 선택할 수 없는 것처럼 말입니다. 매주 로또를 구입하며 당첨만 되면 당장 직장을 때려치우리라 마음먹지만 월요일만 되면 무거운 몸을 이끌고 또다시 출근을 합니다.

문제는 불가항력인 일에 좌절한 나머지, 정작 선택 가능하고 잘할 수 있는 일에는 눈을 돌리지 않는다는 것입니다. 놓친 고기 때문에 그물에 잡힌 고기가 썩을 때까지 거들떠보지도 않는 것과 같다고 할까요.

곰곰이 생각해 보면 대학입시에서 떨어졌다거나, 취업이 힘들다거나, 금융위기로 펀드가 반 토막이 났다거나, 대출을 많이 끼고 구입한 아파트의 시세가 떨어졌다거나, 아이를 키울 상황이 아닌데 임신을 했다거나 하는 등 우리 인생에서 힘들었던 순간은 자신의 의지로 선택할 수 없는 일들이 대부분입니다.

그래서 내 삶에서 내가 선택할 수 없는 것이 선택할 수 있는 것보다 더 많다고 오해합니다. 그리고 오해를 하면 할수록 분노와 좌절감은 커져만 갑니다. 그러다 보면 우리의 인생에서 행복이라는 것은 1그램도 남아 있지 않게 됩니다.

미국의 긍정심리학자인 마틴 셀리그만 박사Martin Seligman는 12개월 미만의 갓난아기의 손에 줄을 묶고 음악을 들려주는 실험을 한 적이 있습니다. 그는 아기들이 줄을 한 번 당기면 음악이 나오고, 다시 한 번 줄을 당기면 음악이 멈추게 했습니다. 그러자 아기들은 줄을 당겨서 음악을 듣다가 다시 줄을 당겨서 끄기를 반복했습니다. 이 아기들에게 실험의 조건을 바꿔서 줄을 당기더라도 음악을 켜거나 끌 수 없게 만들자 아기들은 울음을 터트리기 시작했습니다. 셀리그만 박사는 이 실험을 통해 갓난아기라고 할지라도 스스로 상황을 통제할 수 없을 경우 좌절감을 느낀다는 것을 보여줬습니다.

그러나 시각을 달리하면 우리는 무엇을 먹을 것인지, 여가시간을 어떻게 보낼 것인지, 누구를 만날 것인지 등 시시때때로 원하는 것을 선택하며 살아갑니다. 그래서 삶을 선택의 연속이라 말하는 것이겠죠. 상황을 바꿀 수는 없지만 그 상황을 어떻게 받아들일지는 선택할 수 있습니다. 선택 불가능한 것들이 주는 충격에 빠져 선택 가능한 것들조차도 손을 놔버려서는 안 됩니다.

포인트는 '위기 극복 능력'

한때 SNS에서 화제가 되었던 글이 있습니다.

'나무에 앉아 있는 새는 가지가 부러지는 것을 두려워하지 않는다. 새
가 나무에 앉을 수 있는 이유는 나뭇가지의 튼튼함을 믿는 것이 아니
라 날개가 있기 때문이다. 그러니 항상 자기 자신을 믿어라.'

우리는 그 어떤 위기가 닥쳐도 그 위기를 극복할 수 있는 능력
을 갖고 태어납니다. 그러나 능력이 주어졌다고 해도 사용하지
않으면 아무 소용이 없습니다. 위기를 극복할 능력이 있는데도
깨닫지 못하고 사용하지 않는다면 우리의 삶은 불행해질 수밖에
없습니다.

저의 경우 IMF 사태 때에 서류전형과 면접에서 떨어지는 일이
반복되자 조금씩 자존감에 상처를 입기 시작했습니다. 그래서 왜
이렇게 취업이 안 되는지 고민을 해보았습니다. 가장 먼저 떠오
른 생각은 학력이 부족하다는 것이었습니다. 그래서 대학을 가야
겠다는 생각에 수능을 3개월 앞둔 시점에 대입 공부를 시작했습
니다. 시간이 얼마 없었으므로 전쟁 같은 시간을 보냈습니다.

IMF 구제금융 사태를 불가항력적인 것으로 여기고 좌절만 했
다면 취업을 못했을 뿐만 아니라 대학 진학도 못했을 것입니다.
제 아버지 또한 명예퇴직을 두렵게만 여겼다면 중소기업으로 이

직하고 기술사 자격증 시험을 볼 수 없었을 것입니다.

위기를 치열하게 돌파해낸 18살의 딸은 이제 삼십대가 되어 수없이 많은 위기들을 극복하며 회사를 성장시켰습니다. 그리고 52세의 아버지는 60대 중반을 훌쩍 넘기고도 직장에 다니고 있습니다.

똑같은 위기 앞에서 어떤 사람은 좌절감에 빠져 침체되는 반면에 이전보다 더욱 활발한 에너지를 보이는 사람도 있습니다. 이렇게 정반대의 모습을 보이는 까닭은 '회복력'의 차이에 있습니다. 회복력이란 역경이 닥쳤을 때 바닥을 치고 다시 올라가는 능력을 말합니다. 야구공, 축구공, 농구공, 고무공은 각기 탄력성이 달라서 공을 바닥에 던졌을 때 튀어 오르는 높이가 각기 다릅니다. 탄력성이 낮은 공들은 낮게 튀어 오르고 탄력성이 높은 공들은 높이 튀어 오릅니다.

공의 종류에 따라 바닥을 치고 튀어 오르는 능력이 각기 다르듯이 사람들도 개개인의 능력이 다릅니다. 회복력이 높은 사람들은 위기에 빠졌을 때 그것을 기회로 삼아 뛰어오르지만, 회복력이 낮은 사람들은 극복하지 못합니다.

프랑스 소설가 마르셀 프루스트는 "행복은 몸에 좋다. 그러나 정신의 힘을 길러주는 것은 고뇌다"라는 말을 남겼습니다. 누구나 행복한 삶을 원합니다. 그런데 행복한 삶을 살기 위해서는 삶이 바닥으로 추락했을 때 다시 튀어 오를 수 있어야 합니다.

역경은 인생을 반등시키는 스프링 같은 역할을 합니다. 회복력이 강한 사람들은 고난을 겪으면 그 전보다 더 높은 위치까지 올라갑니다. 안타까운 것은 누구나 회복력을 가지고 있으면서도 그것을 제대로 사용하지 않는다는 것입니다. 통계적으로 역경을 만났을 때 다시 튀어 오르는 사람보다 튀어 오르지 못하는 사람들이 두 배 이상 많다고 합니다.

회복력은 마음의 근력과 같습니다. 우리 몸이 힘을 발휘하기 위해서는 강한 근육을 필요로 하듯이 마음 또한 강한 회복력이 필요합니다. 그런데 회복력은 역경을 이겨내기 위해서만 필요한 힘이 아닙니다. 일상생활 속에서 겪는 수많은 스트레스와 고민과 갈등을 이겨내기 위해서도 꼭 필요한 힘입니다. 지금, 마음에 근육을 키우고 있나요?

'감정통제력'이 우리의 행복을 좌우한다

미국의 긍정심리학자들이 주장한 심리적 탄력성psychological resilience은 SBS 〈그것이 알고 싶다〉의 '절망을 이겨낸 사람들의 7가지 비밀' 편에서도 '회복 탄력성'이라는 용어로 소개되었습니다. 덧붙여 자기조절력과 대인관계 능력이 뛰어난 사람이 회복력이 높다는 사실도 소개했습니다.

자기조절능력에는 자기 스스로의 능력을 믿는 자기 효능감과, 적극적 도전성, 원인분석력, 낙관력, 충동통제력, 감정통제력 등이 있습니다. 대인관계 능력으로는 공감능력과 의사소통 능력, 대인관계 능력 등이 있습니다.

미국인과 한국인을 비교해 보면 확연히 차이가 나는 능력이 있습니다. 바로 '충동통제력'과 '감정통제력'입니다. 충동통제력은 미국인에 비해서 한국인의 능력이 월등히 높고, 감정통제력은 미국인에 비해서 한국인이 턱없이 부족합니다. 그래서인지 한국인에게만 있는 병이 바로 '화병火病'이라고 합니다. 화는 나는데 충동통제력이 높아서 생기는 병입니다.

회복력을 키우기 위해서 우리가 반드시 해야 하는 것이 바로 감정통제력을 높이는 것입니다. 감정통제력을 높이지 못하면 위기 상황을 제대로 극복하지 못합니다. 회복력이 높은 사람은 장애를 갖게 되더라도 장애 이전의 삶보다 훨씬 행복한 삶을 살 수 있습니다. 반면에 회복력이 낮은 사람은 신체적으로 아무런 문제가 없는데도 위기상황을 쉽게 극복하지 못하고 트라우마가 생기거나 외상 후 스트레스 증후군에 시달리는 사람도 있습니다.

IMF 구제금융 사태에서 벗어난 지 오랜 세월이 흘렀지만, 아직도 후유증에서 벗어나지 못하고 있는 사람들이 있습니다. 이들은 새로운 일에 도전하는 것을 두려워합니다. 그렇다고 인생에서 실패했다고 말할 수는 없지만, 발전했다고 볼 수도 없습니다.

흔히 새로운 것에 도전하는 시기는 20대뿐이라고 착각하기 쉽습니다. 심지어 누군가는 겨우 24살에도 무언가를 새로 배우기에는 늦은 나이라고 말합니다. 가정 형편이 어려워 제대로 배우지 못했던 미술도 다시 배우고 싶고, 4년제 대학에도 가고 싶지만 너무 늦었다는 것입니다.

30대라고 별반 다를 것은 없습니다. 가정도 꾸리고 아이도 낳아야 하는데, 그렇게 되면 직장을 계속 다닐 수 없을 거라고 생각합니다. 그래서 전문성 있는 일을 하고 싶지만 너무 늦었다며 지레 포기하고 맙니다. 사실 이런 갈등을 겪고 있다는 것 자체가 인생의 위기입니다. 따라서 바닥을 치고 올라와야 하는데 이제 겨우 20대, 30대밖에 안 된 여성들이 현실에 안주하여 튀어 오를 기회를 놓치고 있습니다.

위기를 극복하는 데 있어 물리적인 나이는 전혀 중요하지 않습니다. 물리적인 나이가 20살이라도 도전을 두려워하는 사람들은 심리적으로 나이 든 사람이라고 할 수 있습니다. 반면에 도전을 두려워하지 않는 사람들은 물리적으로 40살, 50살이라 하더라도 심리적으로는 20살이라 할 수 있습니다. 심리적인 나이가 많을수록 회복력은 떨어질 수밖에 없습니다.

우리 모두 위기를 극복하고 성장할 수 있는 능력을 가지고 있다는 사실을 잊지 말아야 합니다. 나이가 스물이든 서른이든 마흔이든 중요하지 않습니다. 자신의 감정을 소중히 여기고 회복력을 믿는 사람들은 올바른 선택이 가능하고 삶을 행복하게 만들 수 있습니다.

chapter 5

하이힐
바이러스

끝내 포기하지 못하는 이유

패션계에 '킬힐 바이러스Kill-heel virus'라는 말이 있습니다. 패션쇼에서 굽 높이만 40센티미터인 킬힐을 신고 워킹을 하던 나오미 킴벨이 무대에서 주저앉은 사건이 있었습니다. 이후로도 여러 모델들이 런웨이runway에서 킬힐을 신고 넘어지는 일이 계속해서 발생하자 킬힐 바이러스라는 말이 생기게 된 것입니다.

그럼에도 하이힐은 패션뿐만 아니라 여성을 상징하는 상징물로 사용되고 있습니다. 하이힐은 여성의 길고 곧은 다리를 더욱 아름답게 만들어 주기 때문에 여성들의 자존심이라고 불리기도 합니다.

그러나 하이힐은 몸매를 돋보이게 해주는 대신 많은 것을 빼앗

아깝니다. 하이힐을 즐겨 신으면 신을수록 건강에는 안 좋다는 사실은 이미 널리 알려져 있습니다. 하이힐을 신으면 척추가 휘고 혈액순환도 둔해집니다. 그럼에도 여성들은 하이힐을 포기하지 못합니다. 신체에 느껴지는 고통보다도 아름다움에 대한 욕구가 더 강하기 때문입니다.

얼마 전 부부를 중심으로 얘기하는 TV 프로그램에 출연한 남편이 불만을 토로하던 것이 기억납니다. 남편은 아내가 임신했을 때의 이야기를 했는데, 아내가 만삭의 몸에도 하이힐을 신고 다니는 것을 포기하지 않았다는 것입니다. 시부모님들이 굽이 낮은 신발을 신으라고 얘기했지만, 아내는 끝내 하이힐을 만삭까지 신고 다녀서 그것이 불만이었다는 얘기였습니다.

남편의 불만을 들은 아내는 하이힐을 신지 않으면 자신감이 떨어져 외출하기가 싫어지기 때문에 하이힐을 포기 못했다고 대답했습니다. 좀 극단적이기는 하지만 여성이 하이힐을 포기하는 것은 자존심과 여성성을 포기하는 것을 의미한다는 것을 잘 드러내는 예라고 할 수 있습니다. 그런데 하이힐을 포기하지 못하는 이유가 단지 아름답게 보이려는 욕구뿐일까요?

어떤 기준으로 사람을 평가하는가?

2007년 1월, 미국 워싱턴 D.C의 복잡하기로 유명한 랑팡 플라자 지하철역에서 청바지 차림에 야구 모자를 쓴 남자가 바이올린을 연주하고 있었습니다. 그는 1달러 지폐 몇 장과 동전 몇 닢을 악기 케이스에 던져놓고 바흐의 〈샤콘 d단조〉를 시작으로 슈베르트의 〈아베 마리아〉, 마누엘 폰세의 〈작은 별〉, 마스네의 〈타이스의 명상곡〉 등을 연주했습니다.

연주가 시작된 지 3분이 지나자 중년 남성 한 명이 가던 길을 멈추고 겨우 몇 초간 연주를 감상했습니다. 몇 분 뒤에는 한 여성이 바이올린을 넣어두는 케이스에 1달러를 던지고는 연주를 듣지도 않고 지나갔습니다. 세 살짜리 아이와 엄마가 함께 연주를 듣다가 일행의 손에 끌려가기도 했습니다.

이렇게 잠시라도 멈춰 서서 연주를 들은 사람은 모두 7명이었고, 29명은 스치듯 지나가면서 바이올린 케이스에 돈을 던졌습니다. 이렇게 모인 돈은 총 32달러였습니다. 45분간 바이올린 연주를 하는 동안 약 1,100여 명의 사람들이 그를 지나쳐 갔지만, 박수를 치거나 사진을 찍는 사람들은 한 명도 없었습니다.

이 출근길 연주회는 〈워싱턴포스트〉가 매 공연 전석 매진을 기록하는 세계 최고의 바이올리니스트 조슈아 벨과 함께한 실험이었습니다. 이 실험을 하기 3일 전에 열렸던 공연의 좌석 값은 평균 100달러였고 지나가던 여성이 돈을 던진 곳은 300만 달러짜리 바이올린의 케이스였습니다.

이 실험은 사람들이 얼마나 주어진 상황과 명성에 이끌리는지를 여실히 드러내 주었습니다. 누군가에 대한 평가 또한 그렇습니다. 그의 연주는 공연장에서나 거리에서나 큰 차이가 없었을 것입니다. 하지만 청바지와 야구모자, 그리고 돈이 들어 있는 바이올린 케이스 때문에 그의 연주는 정당한 평가를 받지 못한 것입니다.

이처럼 사람은 겉으로 보이는 것에 쉽게 현혹됩니다. 명품으로 치장하고는 스스로 명품이 된 착각에 빠지는 것도 이해가 되는 일입니다. 그러나 위 실험에서 알 수 있듯이 겉으로 보이는 것만 보다 보면 어느새 중요한 것을 놓치게 됩니다.

겉모습을 중요하게 여기느라 하이힐을 즐겨 신으면 신을수록 발 건강에는 치명적인 것처럼, 누군가에게 잘 보이느라 곪고 있는 내면을 들여다볼 차례입니다. 그러고 보니 어딘가 아프지는 않았나요?

주목받고 있다는 착각, '조명 효과'

연극 무대의 주인공에게는 늘 스포트라이트가 쏟아집니다. 스포트라이트는 관객들이 주인공에게 주목할 수 있도록 그의 동선만을 따라다니며 빛나게 해줍니다. 이렇게 연극 무대에서 조명을 받는 주인공처럼 주변의 모든 사람들이 자신의 외모와 행동을 관심 있게 보고 기억한다고 착각을 하는 것을 일러 '조명 효과 Spotlight Effect'라고 합니다.

혼자 밥을 먹으러 가면 다른 사람들이 이상하게 생각하지 않을까, 무릎 나온 운동복 입고 다니면 무시하지 않을까, 화장을 안 했는데 사람들이 나만 쳐다보지는 않을까 등등 평소와 다른 행동이나 모습을 하게 되면 괜히 다른 사람들의 도마 위에 오를까 봐 주눅이 듭니다. 그러나 이 모든 것은 자신만의 착각입니다.

미국 코넬 대학 사회심리학자인 토머스 길로비치는 사람들이 얼마나 타인에게 관심이 있는가에 대한 실험을 진행했습니다. 그는 한 학생에게 60년대 스타였던 가수 베리 매닐로우의 얼굴이 인쇄된 티셔츠를 입고 다른 참가자들이 있는 실험실에 잠깐 앉아 있다가 나오라는 지시를 했습니다.

베리 매닐로우 티셔츠를 입은 학생은 할아버지 세대의 인기 가수의 얼굴이 나온 티셔츠를 입었기 때문에 다른 학생들이 이상하게 여기고 관심을 가질 것이라고 생각했습니다. 그래서 실험 참가자 중 적어도 46퍼센트 정도가 자신의 옷차림을 알아챌 거라고 예상했습니다. 그러나 실제로 그 티셔츠의 얼굴을 인식한 사람은 23퍼센트밖에 되지 않았습니다. 비슷한 다른 실험에도 결과는 마찬가지였습니다.

이 실험은 타인이 나의 행동에 관심을 가질 것이라고 생각하지만 사실은 그다지 관심이 없다는 것을 알려줍니다. 타인에 대해 신경을 쓰는 것은 오로지 자기 자신뿐입니다. 그러므로 남들에게 잘 보이려는 노력보다 스스로를 돌보는 노력에 더 큰 비중을 둬야 합니다.

30대를 인생의 황혼기로 생각하는 20대

지금 생각해 보면 우습지만, 20대에는 매일 매일 늙어가고 있다고 생각하면서 생일을 보냈습니다. 25살이 되자 이젠 꺾인 나이라서 얼굴에 주름이 자글자글해질 것 같았고, 28살에는 더 나이를 먹기 전에 당장 결혼하지 않으면 안 될 것 같았습니다.

어느덧 20대를 지나 30대에 접어들었을 때, 우연찮게 인터넷에서 어떤 여성이 쓴 '20대 여성의 생각 변화'라는 글을 보고 '맞아 나도 그랬어'라며 고개를 끄덕인 적이 있습니다.

20대 여성의 생각 변화

20살 – 이제 10대가 아닌 20대구나, 10대에 비해 늙은 거 같다.

21살 – 밑에 새내기가 들어오네? 이제 나도 헌내기구나.

22살 – 3학년. 이제 나도 대학 늦깎이구나.

23살 – 20살 아이들을 보면 난 이제 졸업 앞둔 늙은이가 된 기분.

24살 – 꽃다운 20대 초반이 다 지나갔네, 25살부터 늙는다는데 이제
        1년 남았구나.

25살 – 나 이제 꺾이는 나이인 건가. 이때 관리 잘해야 된다던데.

26살 – 이제 나도 20대 후반으로 접어들겠구나.

27살 – 20대도 몇 년 안 남았다. 슬슬 결혼에 대해 진지해져야겠다.

28살 – 공포의 29살이 코앞이다. 29살 되면 우울해진다던데.

29살 – 영원할 것 같던 20대도 끝이구나.

아마 많은 여성들이 이와 비슷한 생각을 하고 있거나 했을 것입니다. 저 역시 마찬가지였습니다. 그런데 30대가 되면서 생각이 달라지기 시작했습니다. 최선을 다해서 열심히 살고 있는 내 자신이 기특했습니다. 그래서인지 나이가 들어가는 것에 감사한 마음까지 들었습니다.

서른이라는 나이에 자신이 이뤄놓은 것들이 별것 없더라도 좌절할 필요는 없습니다. 서른이 되기까지 치열하게 살아온 자체만으로도 우리는 많은 것을 이뤄놓은 것입니다. 그동안 삶에 충실했던 시간들은 결코 가벼운 것이 아닙니다.

PART 2

여자의 삶, 진지한 블록버스터

chapter 6

20대는 모르는
30대의 눈물

기대치가 현실을 바꾼다

제가 학창시절을 보낼 때, 서태지는 모든 이들의 우상이었습니다. 학생들은 〈교실이데아〉를 들으면서 분개했고, 가출했던 친구들은 〈컴백홈〉을 듣고 집으로 돌아왔습니다. 그런 서태지가 은퇴 발표를 하자 학교 전체가 초상집 분위기였습니다.

아이돌 그룹은 우리 시대의 연인이자 우상이었습니다. 스포츠 스타들도 마찬가지였습니다. 특히 농구 선수들이 인기였습니다. 우지원, 이상민, 문경은, 서장훈, 현주엽 등은 아이돌 못지않은 인기를 누렸습니다.

그런데 그토록 좋아하던 연예인을 대하는 태도는 시간이 흐르면 많이 달라집니다. 몇 날 며칠을 따라다니던 우상은 어느새 호

감인 연예인 중 한 명이 되는 거죠. 무엇이 이런 차이를 만들까요? 그것은 바로 기대치의 차이입니다. 오로지 서태지에만 열광하던 시절과 일과 애인, 가족 등에 두루 신경 써야 하는 지금은 기대치가 다를 수밖에 없죠.

기대치라는 말이 나온 김에 좀 더 자세히 살펴보겠습니다. 오리 브래프먼과 롬 브래프먼이 저술한《스웨이Sway》에 따르면 사람들이 스스로 기대한 만큼 물건이나 사람의 가치를 매기는 것을 가치귀착value attribution이라고 합니다.

1916년, 폴란드 이민자 출신인 핸드워커는 핫도그 사업을 시작하면서 경쟁업체 판매가의 반값에 판매하기로 했습니다. 경쟁자는 핫도그를 10센트에 팔고 있었으므로 자신은 5센트에 팔기로 결정한 것입니다.

그런데 진짜 쇠고기로 정성스레 만들었다는 핫도그가 5센트밖에 하지 않는 것을 보고 사람들은 되려 이상하다고 생각했습니다. 피클을 더 주기도 하고 이벤트 상품도 걸어봤지만 판매량은 늘어나지 않았습니다. 사람들은 여전히 '이상하게 너무 싼 핫도그'라고 생각을 했던 것입니다.

핸드워커는 고심을 하다가 옆 건물의 의사에게 자신의 가게에서 매일 아침 핫도그를 사먹도록 부탁했습니다. 사람들에게 신뢰감을 주기 위한 의도였습니다. 이후 거짓말처럼 핫도그가 불티나게 팔렸습니다. 이처럼 품질과 상관없이 가격 등 외적인 요건에 따라 본질을 판단하는 것이 가치귀착의 한 예입니다.

커리어 우먼을 동경하게 만드는 가치귀착

종종 거래처 관계자와 미팅을 할 때 만나게 되는 담당자는 여자보다는 남자일 확률이 큽니다. 팀장급 여성을 만날 기회가 적기도 하지만, 정장이 잘 어울리는 젊고 예쁜 여자 팀장과 업무 이야기를 하다 보면 저도 모르게 멋있다는 생각이 들 때가 있습니다.

대학을 졸업하고 면접을 보러 다닐 때 여성들이 깔끔한 정장을 입고 일하고 있는 모습을 보면 무조건 멋있어 보였습니다. 직장에서 무슨 일을 어떻게 하는지는 아무것도 몰랐지만 말입니다.

그리고 커리어 우먼의 뜻도 정확히 모르면서 막연히 직장을 다니고 경력이 쌓이면 자연스럽게 커리어 우먼이 되는 줄 알았습니다. 입사한 후에 멋있고 잘나가는 선배들을 보면서 언젠가는 나도 그 위치에 오를 것이라는 것을 조금도 의심하지 않았습니다.

첫 직장에서 제가 속해 있던 팀의 여자 팀장님은 세련된 옷차림, 그리고 짧은 커트머리에 어울리는 카리스마까지 갖춘 커리어 우먼이었습니다. 팀장님은 부서의 책임자로서 전문성과 리더십도 있었고, 회사를 발전시킬 수 있는 능력도 있었습니다. 팀장님을 보면서 나도 모르게 그녀의 인생 자체를 동경하는 마음을 품게 됐습니다.

그런데 지금에 와서 생각해 보니 스스로 만든 환상에 빠져 팀장님의 삶 전체를 평가했던 게 아닌가 싶습니다. 이제 막 회사에 들어간 20대 여성의 눈에는 자신보다 연봉도 많고 일도 척척 해내는 선배가 멋있어 보일 수밖에 없었을 것입니다. 눈꺼풀에 콩깍지가 씌어서 가치를 귀착시켜 버린 것이죠.

화가 난다, 화가 나

커리어 우먼들이 이렇게 힘든 삶을 살면서도 직장을 그만두지 못하는 것은 언젠가는 나아지리라는 꿈과 희망을 품고 있기 때문입니다. 그러나 한편으로는 이렇게 아등바등 사는 것이 과연 누구를 위한 것인가라는 회의가 들 때도 있을 것입니다.

아이가 있는 워킹맘들은 더합니다. 아침에 눈뜨자마자 아이들 밥 먹이고 옷 입혀서 어린이집이나 (시)어머니에게 맡겨놓고 회사에 출근합니다. 야근이라도 하는 날이면 9시나 돼야 집에 도착하지만 쉬고 싶은 마음을 꾹 참으며 아이들 씻기고 숙제 봐주고 집안을 정리하고 나면 12시가 훌쩍 넘어갑니다. 식구들을 모두 재우고 나서야 간신히 소파에 엉덩이를 붙일 수 있습니다.

홀로 불 꺼진 거실 소파에 앉아 있으면 울컥하는 마음이 듭니다. 그리고 마음 한구석에서 남편과 아이가 자신의 발목을 잡고 있는 건 아닌가 하는 생각마저 듭니다. 그러나 그것도 잠시, 아이가 아프기라도 하면 자신 때문에 그런 것 같아 죄책감이 듭니다. 그리고 까닭 모를 분노가 가슴속에서 치밀어 오릅니다. 무엇보다 화가 나는 상황은 회사일과 집안일 모두 최선을 다하는데도 양쪽에서 욕을 얻어먹을 때입니다. 이럴 때는 정말이지 모든 걸 놓아버리고 싶습니다.

충동적인 결정은 후회를 낳는다

이처럼 스트레스가 많이 쌓인 상황에서는 사소한 일에도 짜증을 잘 내게 됩니다. 아침 출근길에 복잡한 지하철 안에서 누군가와 살짝 부딪치기만 해도 짜증이 나고, 운전을 하다가 갑자기 끼어드는 차가 있으면 욕지기가 치밀어 오릅니다.

이런 기분은 회사에서까지 이어지죠. 항상 실없는 농담을 건네는 부장님이건만 오늘따라 더 꼴 보기 싫고, 아침 회의는 왜 이리 쓸데없이 긴지……. 폭발하려는 것을 간신히 참고 자리에 앉는데, 옆자리 동료는 일할 생각은 안 하고 인터넷 검색만 하고 있습니다. 마음 같아서는 눈에서 불이 번쩍 나도록 뒤통수를 때려주고 싶지만 그저 참고 또 참습니다. 이렇게 사소한 일에도 화가 솟구치는 경우가 자주 발생하면 스스로에게 옐로카드를 꺼내들어야 합니다. 예민한 상태로 지내다 보면 상황을 정확하게 인지하지 못해 실수를 저지르기 때문입니다.

어느 신문에 '30대 여성이 후회하는 5가지 일'이 실린 적이 있습니다. 그중에 '결혼 후 충동적으로 직장을 그만둔 것'이라는 항목이 있었습니다. 직장이나 가정이나 스트레스를 주기는 마찬가지이지만 가정을 버릴 수는 없으니 직장을 버린 것입니다. "좋아, 그만두면 될 거 아냐!" 하며 사표를 던질 때는 속이 시원했을 것입니다. 그러나 얼마 안 가 '내가 왜 그랬을까?' 하며 후회를 하겠죠. 한 발 떨어져서 보니 정말 별것도 아닌 일에 충동적으로 결정을 내렸다는 것을 깨닫게 될 테니까요.

30대 여성들이 직장일과 집안일에 치이면서도 직장을 그만두지 않는 이유는 자아실현에 대한 욕구가 큰 비중을 차지합니다. 단순히 돈을 벌기 위해서라면 온갖 서러움을 참아가며 커리어를 관리해 올 필요가 없었을 것입니다. 정말로 집안일에 전념해야 할 상황이라면 심사숙고를 해서 결정을 내려야 합니다. 한순간의 충동으로 회사를 그만두었을 때 남는 것은 후회밖에 없습니다.

내가 화나는 진짜 이유

30대 커리어 우먼의 삶이 고단한 이유는 자신의 삶뿐만 아니라 남편과 아이, 그리고 시댁 및 친정 식구들까지 챙겨야 하기 때문입니다. 단순히 챙겨주는 선에서 끝나면 다행인데 하루가 멀다 하고 예상치 못한 사건이 터집니다. 사람인 이상 예상치 못한 사건이 터졌을 때 짜증이 나고, 화가 나는 것은 당연한 일입니다. 그러나 짜증과 화 때문에 상황을 냉정하게 분석하지 못하는 것은 잘못된 것입니다.

짜증 나고 화가 날 때 '내가 무슨 부귀영화를 누리려고 이러고 사는 거지?'라는 질문을 던질 때가 많습니다. 그러나 이는 잘 못된 질문입니다. 이럴 때는 '내가 이루고 싶은 꿈을 방해하는 것들은 무엇이지?'라고 질문해야 합니다. 그리고 객관적으로 상황을 판단해야 합니다.

내가 지금 화가 나는 것은 무엇 때문인가? 밤을 새워 일을 해야 하는데 옆에서 코골고 자고 있는 남편 때문에 화가 나는가? 아니면 일을 제대로 못한 나 때문에 화가 나는가? 인정받지 못해서 화가 나는가? 아니면 위로 받지 못해서 화가 나는가? 등등 화가 나는 이유를 냉정하게 분석해 봐야 합니다.

30대의 커리어 우먼들을 화나게 만드는 이유는 매우 다양합니다. 아직도 전문성을 갖추지 못한 자신 때문에 화가 날 수도 있고, 맞벌이를 할 수밖에 없는 현실 때문에 화가 날 수도 있습니다. 휴일에도 쉬지 못하게 만드는 시월드 때문일 수도 있습니다. 이렇게 객관적인 분석을 통해서만이 30대 커리어 우먼의 자아실현을 가로막는 요소를 제거할 수 있습니다.

chapter 7

커리어 우먼으로
살고 있는가?

커리어 우먼? 오피스 레이디?

잠시 시간을 내어 자신이 하고 있는 업무의 성과가 회사의 동일 직급의 동료와 비교하여 몇 퍼센트에 해당하는지 체크해 봅시다.

□ 상위 10퍼센트 이내   □ 50~80퍼센트

□ 10~20퍼센트   □ 하위 20퍼센트

□ 20~50퍼센트

　　대부분의 경우 상위 20퍼센트 이내로 체크한다고 합니다. 이렇게 명확한 평가 기준 없이 자신을 평균 이상이라고 생각하는 것을 비현실적 낙관주의라고 합니다.

운전자들 중에 자신의 운전 실력이 평균 이상이라고 생각하는 사람은 90퍼센트에 달한다고 합니다. 이제 막 결혼을 하는 사람들은 사랑하는 사람과 검은 머리가 파뿌리가 될 때까지 살리라 믿어 의심치 않습니다. 복권사업이 호황을 누리는 것은 매주 쓴맛을 보면서도 자신이 1등에 당첨되리라 생각하는 사람들이 많기 때문입니다.

이렇게 우리가 착각에 빠져 좋은 결과를 기대하는 분야는 다양합니다. 커리어와 관련해서도 마찬가지입니다. 위의 조사 결과처럼 대부분의 사람들은 자신이 일을 잘하고 있다고 생각하고 있습니다.

커리어 우먼Career woman은 전문성을 바탕으로 장기적으로 일하는 여성을 말합니다. 반면 오피스 레이디Office lady는 단순히 사무실에서 일하는 여직원입니다. 대부분의 직장 여성들은 자신을 오피스 레이디가 아닌 커리어 우먼이라고 생각합니다. 회사에서 평균 이상의 성과를 내고 인정받고 있다고 착각하면서 말이죠.

하지만 정말 그렇게 인정받는 커리어 우먼이 많다면 기업들에 적어도 지금보다 임원급 여성이 많았을 겁니다. 그러나 실제로 대기업 여성 임원의 비율은 1퍼센트밖에 안 되고, 2014년 기준 공기업에서 여성 임원은 10만 명 중 2명에 불과합니다. 단지 여성들이 승진에 불리한 사회적 여건 때문일까요? 사회 전체의 흐름이 그렇게 되는 데는 분명 또 다른 이유가 있었을 것입니다.

여성이기 때문인가? 알바처럼 일하기 때문인가?

대학을 갓 졸업하고 신입사원이 되었을 때는 칼출근과 칼퇴근이 당연한 것이라고 생각했습니다. 그래서 항상 정시에 출퇴근을 하고, 주어진 일에만 최선을 다했습니다. 이렇게 직장생활을 하다 보니 퇴근시간에서 30분만 지나도 너무 많이 근무한 느낌이 들었습니다. 가끔 일이 많아 한두 시간이라도 늦게 퇴근하게 되면 꼭 밤새 일한 듯한 느낌이 들었습니다.

한 달이 지나면 꼬박꼬박 통장에 돈이 들어왔고, 명절 때가 되면 공식적인 휴가를 즐길 수 있었습니다. 5일만 잘 버티면 주말이 왔고, 주말에 친구들과 신나게 놀고 나면 다시 한 주를 버틸 수 있는 힘이 생겼습니다. 이렇게 생활하니 직장생활이 그리 힘든 줄 몰랐습니다. 그런데 회사가 어려워지자 1순위로 정리해고를 당하고 말았습니다. 아르바이트생처럼 일하다 아르바이트생처럼 순식간에 해고된 것이죠.

저만 그랬던 것은 아닐 겁니다. 대부분의 신입사원들은 3개월 정도 적응과정을 거치고 이후로는 정시 출퇴근을 반복합니다. 그렇다고 일을 열심히 안 하는 것은 아닙니다. 자신에게 주어진 일은 최선을 다합니다. 하지만 누군가 일을 시키기 전에 자신이 찾아서 일을 하는 법은 없습니다. 일을 제대로 처리하면 다행이지만 잘못할 때 쏟아지는 비난의 화살을 감당할 자신이 없기 때문입니다.

이렇게 일을 해도 큰 실수만 안 하면 경력이 쌓이고 직급이 올라갑니다. 직급이 올라간 만큼 책임져야 할 일도 많아지고 정시 출퇴근은 언감생심 꿈도 꾸지 못합니다. 직급이 올라가고 나면 신입사원 때와 다르게 일을 잘하면 본전, 못하면 욕을 바가지로 얻어먹기 때문입니다. 그래서 더더욱 스스로 나서서 일을 만들지 않게 됩니다.

이렇게 주어진 일만 하는 것에 길들여지다 보면 수동적으로 행동할 수밖에 없고, 수동적으로 일을 대하니 일하는 것이 즐겁지 않습니다. 수동적인 태도로 살아가다 보면 자존감 역시 낮아질 수밖에 없습니다. 자존감이 낮다 보니 주변의 평가에 민감하게 반응하게 됩니다. 조금이라도 자신에 대해 부정적인 말이 들리면 '아, 나는 정말 쓸모없는 사람이구나!'라는 자괴감에 빠지게 됩니다. 잘못 끼운 첫 단추가 이렇게 무시무시한 결과로 나타난다는 것이 무섭지 않은가요?

어떤 사람이 '전문가'인가

일반적으로 전문가라고 하면 전문적인 지식과 노하우를 바탕으로 일을 하는 사람이라고 생각합니다. 따라서 한 직장에 10년쯤 다니면 전문가라 불려야 하는데, 우리는 직장인들을 전문가라고 부르지 않습니다.

누구나 한 번쯤은 '1만 시간의 법칙'이라는 말을 들어봤을 겁니다. 한 가지의 일에 1만 시간의 노력을 하면 누구나 전문가가 될 수 있다는 말입니다. 이 법칙은 1993년 '전문역량 습득에 있어 의도적 연습의 역할'이라는 논문에서 처음 등장했습니다. 연구팀은 독일 서베를린 뮤직 아카데미 교수진에게 학생들 추천을 부탁했습니다. 교수들은 바이올린 전공 학생들을 연주 실력에 따라 '세계적인 프로 연주자가 될 사람', '우수한 학생', '그냥 학교 선생이 될 사람' 이렇게 세 집단으로 분류하여 추천했습니다. 리스트를 받은 연구팀은 각 학생들의 연습량을 조사해 봤습니다. 학생들은 모두 5세 전후에 바이올린을 시작했고 생물학적인 차이가 없었습니다. 차이가 있다면 연습량이었습니다. 우수한 집단은 서베를린 뮤직 아카데미에 입학하는 시점까지 산술적으로 연습시간이 1만 시간에 달했고, 중간 단계는 7~8천 시간, 평범한 학생들은 약 3~4천 시간을 연습했다는 결과였습니다. 한 분야의 대가가 되기 위해 최소한 1만 시간의 연습이 필요하는 이야기는 이 연구에서 기인했습니다.

그런데 종종 일상이 바쁜 직장인들은 자신의 업무를 전문 영역에서 제외해 버리는 실수를 범합니다. 10년간 직장생활을 한 사람의 업무 시간을 한번 계산해 봅시다. 법정 근로시간인 하루 8시간으로 계산하면 2만 시간을 훌쩍 넘어갑니다. 1만 시간의 법칙의 2배에 해당하는 시간이죠. 따라서 '특정 분야의 일을 줄곧 해와서 그에 관해 풍부하고 깊이 있는 지식이나 경험을 가지고 있는 사람'이라는 사전적 의미에서 보면 충분히 전문가라 부를 수 있습니다.

이는 남성이나 여성 모두 해당됩니다. 어떤 여성이 한 직장에서 10년만 제대로 일한다면 커리어 우먼으로 불리기에 손색없습니다. 직장인이 아니라 전업주부로 살아도 마찬가지입니다. 10년 동안 집안일을 알뜰살뜰 해왔다면 전문가라 할 수 있습니다.

그런데 대부분의 여성들은 자신을 전문가라 여기지 않습니다. 지금 자신이 하고 있는 일은 그 누가 해도 할 수 있는 일이라 생각합니다. 갓 입사했을 때는 커리어 우먼이라는 자부심을 가지며 살다가 세월이 흐를수록 오피스 레이디라는 울타리 안에 자신을 가두는 것입니다. 이렇게 스스로를 오피스 레이디라고 생각하는 사람들은 아무리 세월이 흘러도 커리어 우먼이 될 수 없습니다.

전문가와 아르바이트생을 나누는 가장 중요한 기준은 전문성인 것 같지만 사실은 자신이 하고 있는 일을 얼마나 좋아하는지의 여부입니다. 스스로에게 질문을 던져 보십시오.

'내가 일하는 모습을 나는 좋아하는가?'

'나는 스스로를 자랑스러워하는가?'

아마 자신의 일을 즐겁게 하고 있는 사람들은 "예"라고 대답하고, 마지못해 하는 사람들은 "아니오"라고 대답할 것입니다.

부정적인 생각을 하는 사람들은 그 영향이 자신에게만 미칠 것 같지만, 천만의 말씀입니다. 스스로를 평가절하하는 태도는 다른 사람이 자신을 평가하는 태도에도 영향을 미칩니다. 내가 나를 전문가라고 생각하지 않는데, 그 어떤 사람이 나를 전문가라고 존중해 주겠습니까?

심리학 용어 중에 '피그말리온 효과Pygmalion Effect'라는 것이 있습니다. 타인의 기대나 관심으로 인하여 능률이 오르거나 결과가 좋아지는 현상을 일컫는 말입니다. 이처럼 사람들은 다른 사람이 나를 존중해 주고 기대를 하면 그 기대에 부응하기 위해 노력합니다. 그러니 결과가 좋을 수밖에 없습니다.

타인의 긍정적인 평가가 좋은 결과를 가져오듯이, 자신의 가치에 대한 긍정적인 평가도 좋은 결과를 가져옵니다. 자신의 가치는 '자존감'으로 바꿔 부를 수 있습니다. 자신의 가치를 중요하게 생각하는 사람들은 자존감이 높고 하찮게 생각하는 사람들은 자존감이 낮습니다.

따라서 자존감을 높이기 위해서는 자신의 가치에 대해 항상 긍정적으로 생각하는 것이 중요합니다. 자존감을 높이는 일이 쉽지는 않겠지만 노력하면 얼마든지 가능합니다.

자존감은 우리의 삶을 성공으로 이끄는 열쇠입니다. 내가 나를 존중하고 가치 있는 일을 하고 있다고 생각하면 다른 사람들도 그렇게 생각해 줍니다. 그리고 실제로 일도 잘 해냅니다. 내가 가치 있는 사람이라고 여기는 사람들은 일에 대한 자신감이 넘치기 때문에 성공적으로 일을 해낼 수 있습니다. 자존감이 높은 사람들은 도덕성이 높고, 리더십이 있다는 연구 결과가 있습니다. 자신감이 넘치고 생기 있는 사람들은 대부분 자존감이 높은 사람들입니다.

우리는 끊임없이 누군가와 경쟁을 하면서 자라왔습니다. 이길 때도 많았겠지만 질 때도 많았을 것입니다. 통계를 내보면 모르긴 몰라도 반반쯤 되지 않을까 생각합니다. 그런데 반이나 이겼던 기억은 저 멀리 던져버리고 패배감에 빠져 사는 사람들이 많습니다. 패배감에 빠진 사람들은 다른 사람과 자신을 비교하는 경우가 많습니다. 자신은 10을 가졌기 때문에 100을 가진 사람보다 못하다고 생각합니다. 1을 가진 사람보다 훨씬 많이 가졌으면서도 말이죠.

사실 다른 사람과 비교를 하자면 끝이 없습니다. 100을 가진 사람도 1,000을 가진 사람에 비하면 한참 모자란 사람입니다. 따라서 자존감은 다른 사람과의 비교를 통해서는 절대로 높아질 수 없습니다. 스스로를 존중할 때에 비로소 높아질 수 있습니다.

비닐에 약간의 칼자국이 났을 때 그대로 두면 어느 순간 비닐이 반으로 갈라지고 맙니다. 하지만 조금만 신경 써서 테이프를 덧붙여 주면 갈라지지 않습니다. 살다 보면 자존감에 상처를 받을 때가 많습니다. 그 상처를 그대로 놔두면 어느 순간 자존감은 무너지고 맙니다. 자존감에 난 상처를 감쌀 수 있는 테이프는 우리 마음속에 있습니다.

다시 처음의 질문으로 되돌아가 봅시다. 자신을 얼마나 좋아하고 있습니까? 스스로를 얼마나 유능하다고 생각하십니까?

'전문가'는 어떻게 만들어지는가

신입사원 시절에는 잘 몰랐지만 회사에서 직급이 높아지니 부하직원을 평가하는 기준은 결국 성과밖에 없다는 것을 깨닫게 되었습니다. 그리고 평가를 할 때 성별의 차이는 전혀 문제가 되지 않는다는 것도 알게 됐습니다.

그렇다면 어떤 점에서 차이가 나기에 직급이 올라갈수록 여성들의 비율이 낮아지는 것일까요? 그것은 직장과 일에 대한 태도와 열정의 차이에서 나오는 것이 아닌가 생각합니다.

이제 관리자의 입장에 있다 보니 신입사원 면접을 직접 들어가곤 합니다. 제가 하는 일의 특성상 남성 직원보다 여성 직원을 더 많이 뽑게 되는데, 뽑고 나서 걱정이 많아집니다. 여성 직원의 경우 입사 후 1년 이내에 퇴사를 하는 경우가 50퍼센트나 되고, 근속연수도 채 5년을 넘어가지 않기 때문입니다. 대기업의 경우도 마찬가지로 신입사원 중 여자가 1년 이내에 퇴사하는 비율이 40퍼센트를 넘는다고 합니다.

여성 직원이 퇴사를 하는 이유는 다양합니다. 좀 더 많은 연봉을 받기 위해 이직하는 경우도 있고, 결혼 준비를 위해 그만두는 경우도 있습니다. 자신이 생각했던 것과 다른 일을 한다는 이유도 있고, 자기계발을 위한 공부를 좀 더 하고 싶어 그만두는 경우도 있었습니다.

오랫동안 근무하는 직원들이라고 해서 걱정거리가 없는 것은 아닙니다. 자신이 맡은 일에 적극적으로 뛰어들어 성과를 내려는 직원보다는 대충대충 업무를 완료하고 퇴근을 하고 싶어 하는 직원이 더 많습니다. 그러다 보니 자신의 일에 전문성을 갖춘 직원들은 그리 많지 않습니다. 자신이 진정으로 한 분야의 전문가가 되고 싶다면 퇴근 시간 안에 업무를 종료시키기보다는 일의 완성도에 더 신경을 써야 합니다.

가정에서도 마찬가지입니다. 만약에 우리가 집에서 설거지를 한다고 가정해 봅시다. 설거지를 하는 내 모습이 왠지 서글프다고 느끼면 대충대충 빨리 끝내버리고 맙니다. 그러나 자신만큼 설거지를 잘하는 사람은 없을 것이라 생각하면 더욱 깨끗하게 설거지를 하려고 노력하겠죠. 그리고 반짝반짝 빛이 나는 식기를 보며 뿌듯한 마음이 들 것입니다.

성별을 떠나서, 경력이 많고 적고를 떠나서 자신이 하는 일에 대한 생각과 감정이 일을 대하는 태도를 좌지우지합니다. 나 자신을 사랑하고 자신이 하는 일에 자부심을 가지면 스스로 전문가라고 떠들고 다니지 않아도 다른 사람들이 자신을 전문가라고 인정하기 시작할 것입니다.

chapter 8

타잔의 룰을
이해 못하는 제인

여성 직장인에 대한 몇 가지 편견

한국 사람의 입장에서 한번 비교해 봅시다. 일본의 지진 피해가
더 클까요, 아니면 아이티의 지진 피해가 더 클까요. 후쿠시마 원
전사고의 피해가 더 클까요, 체르노빌 원전사고의 피해가 더 클
까요.

정확한 정보를 모르는 상태의 한국 사람이라면 전자가 후자보
다 더 크다고 느껴질 것입니다. 아무래도 우리가 사는 곳 가까운
곳에서 벌어진 일이 더 크게 느껴지기 때문입니다. 그러나 이것
은 불완전한 판단입니다. 정보가 없는 상태에서 자신에게 익숙한
것이라는 이유만으로 판단을 내린 것이기 때문입니다.

앞서 언급한 휴리스틱Heuristic이라는 용어가 여기서 다시 등장

합니다. 1905년 아인슈타인은 노벨물리학상 수상 논문에서 '도움은 되지만 불완전한 판단방법'이라는 의미로 이 용어를 사용했습니다.

미국인에게 자살과 타살 중 무엇이 더 많이 일어나는지에 대해 설문 조사를 한 적이 있는데 대부분 타살이라고 대답했다고 합니다. 그런데 1983년도에 미국에서 발생한 자살 건수는 27,300명이고 타살 건수는 20,400명이었습니다. 그럼 미국 사람들은 왜 자살보다 타살이 더 많을 것이라 생각했을까요? 그것은 타살 사건이 자살 사건보다 더 많이 보도됐기 때문입니다. 늘 접하는 소식이 타살 사건이다 보니 설문조사를 했을 때 타살이 많을 것이라 대답한 것입니다.

이렇게 휴리스틱은 쉽게 이미지화되는 것들일수록 더 강하게 나타납니다. 성별의 경우가 특히 그러합니다. 인류를 큰 범주로 나누면 남성과 여성으로 단순하게 나눌 수 있기 때문입니다. 오랫동안 남성이 조직 내에서 중요한 자리를 차지하고 있었기 때문에 오늘날에도 으레 주요 직급은 남성들이 자리를 차지하는 경우가 많습니다. 하나하나 장단점을 따지기보다 그들이 가지고 있는 대략적인 이미지만으로 자리에 앉히는 것입니다.

어떻게 보면 휴리스틱은 일종의 편견이라고 볼 수 있습니다. 예를 들어, 회식을 하면 회식 자리에 끝까지 남아있는 사람들은 보통 남성들입니다. 출장을 보내야 할 경우 여성들을 배려하는 차원에서 주로 남성들을 보냅니다. 이런 일들이 반복적으로 일어나다 보면 여성들은 조직 생활에 부적합하다는 이미지를 갖게 됩니다.

그러다보니 신입 여직원이 일에 서툴러 업무에 실수를 하거나, 몸이 좋지 않아서 회식에 빠질 수밖에 없거나, 가정에 중대사가 있어서 출장을 가지 못할 때에 "여직원은 원래 그래"라고 손쉽게 결론을 내려 버립니다. 여직원으로서는 정말 억울한 일입니다. 회사에서 인정받기 위해 최선을 다해 일해도 성별의 벽에 가로막혀 인정을 받지 못합니다.

이런 편견을 깨기 위해서는 어떻게 해야 할까요? 직장 상사를 바꿔야 할까요, 아니면 회사를 바꿔야 할까요? 이것이 그렇게 쉽게 되는 일이었다면 진즉에 성별에 대한 편견은 사라졌을 것입니다. 하지만 100을 바꿀 수는 없으나 1을 바꿀 수는 있습니다. 그 1은 바로 나 자신입니다.

싸우기 전에 신중히 계획하라

대기업에서 여성 임원이 탄생하거나, 공기업 직원의 여성 비율이 높아지는 것이 기삿거리가 되는 대한민국은 남성 중심의 사회라고 할 수 있습니다. 이를 반영하듯, 제 주위에도 현직에 있는 여자 선배보다는 남자 선배가 많습니다.

그래서 여성이 조직에서 살아남기 위해서는 전략과 전술이 필요합니다. 전략과 전술을 세울 때 가장 먼저 해야 할 일은 상대방에 대해서 잘 알아야 한다는 것입니다. 직장에서의 상대방은 회사 조직이라고 할 수 있습니다. 따라서 가장 먼저 할 일은 조직의 룰을 파악하는 것입니다.

흔히 세상을 정글에 비유하는데, 정글에서 지배자는 일반적으로 수컷입니다. 기업도 정글과 같은 약육강식의 경쟁 속에서 살아가기 때문에 남성적 특성이 강하게 나타납니다. 그래서 조직의 룰 역시 예나 지금이나 남성들이 정해 왔습니다. 따라서 남성과 여성의 생물학적 차이를 이해하고 조직의 주요한 자리를 차지하고 있는 남성들의 특성을 파악해야 조직에서 살아남을 수 있습니다.

손자병법을 쓴 춘추전국시대의 손무는 가급적이면 공격하지 않고 적의 공격에 대비하고 부득이하게 전쟁을 하게 되더라도 속전속결로 끝내라고 했습니다. 그리고 전쟁은 백성의 삶과 죽음을 판가름하고, 나라의 보존과 멸망을 결정짓기 때문에 깊이 생각해야 한다고도 했습니다. 꼭 총과 칼을 들고 싸우는 것만이 전쟁이 아닙니다. 오늘날의 경쟁 사회 역시 전쟁터라고 할 수 있습니다. 목숨을 걸어야 전쟁터에서 살아남을 수 있듯이 조직에서도 살아남으려면 목숨을 건다는 자세로 임해야 합니다. 그리고 단순히 살아남는 것에만 목표를 두어서는 안 됩니다. 룰을 바꿀 수 있는 위치에 올라서는 것을 목표로 삼아야 합니다.

잡아먹느냐, 잡아먹히느냐

가족과 여행 중에 추락한 헬기에서 혼자 살아남은 소년, 타잔. 고릴라는 우연히 타잔을 발견하고 자식처럼 보살핍니다. 이제는 야생에서 고릴라와 함께 살아야 하는 타잔은 성장하면서 스스로 먹이와 옷을 구해야 합니다. 제인을 만나 가정을 꾸린 이후에는 부담이 더욱 늘어났습니다.

험난한 정글에서 가족을 보호하고 먹을 것을 구해야 하는 타잔에 비해 제인의 부담은 훨씬 적습니다. 타잔이 마련한 안식처에서 자식을 돌보고 음식을 만들기만 하면 됩니다. 이처럼 타잔이 마주하는 세계와 제인이 마주하는 세계에는 차이가 있습니다. 따라서 두 사람은 같은 공간에서 생활하지만 생활방식과 사고방식이 다를 수밖에 없습니다.

사냥을 마치고 돌아온 타잔은 동굴로 돌아와 제인에게 사냥감을 건네주고는 아무 일도 안 하고 푹 쉽니다. 그래야 내일 또 사냥을 나갈 수 있기 때문입니다. 반면에 제인은 사냥감을 건네받은 순간부터 분주해집니다. 사냥감을 손질해 음식을 만들어야 하기 때문입니다.

타잔의 경우 동굴 안에서 몸은 쉬고 있지만 정신까지 쉬고 있지는 않습니다. 혹시 모를 위험을 감지하기 위해 동굴 밖 짐승들의 울음소리에 귀를 기울여야 하기 때문입니다. 반면에 제인은 동굴 밖 세상에 신경을 쓸 필요가 없습니다. 타잔이 신경 쓰고 있다는 것을 잘 알기 때문입니다.

타잔이 생각하는 정글 속 세상은 무척 단순합니다. 타잔은 정글의 모든 생물들을 먹을 수 있는 것과 없는 것으로만 구분합니다. 혹은 내가 잡아먹을 수 있느냐 아니면 잡아먹힐 수 있느냐로 구분하기도 합니다. 한마디로 타잔은 먹이사슬의 관점에서 정글을 파악하고 있는 것입니다. 타잔의 목표는 오로지 먹이사슬의 정점에 서는 것입니다. 그래야 먹을 수 있는 것이 늘어나고 가족을 안전하게 지킬 수 있기 때문입니다.

현대 사회의 남성들도 타잔과 별반 다를 것이 없습니다. 남성 중심의 사회는 먹이사슬, 그러니까 서열을 중심으로 돌아갑니다. 그래서 서열의 가장 윗자리를 차지하기 위해 치열한 싸움을 벌입니다. 여성들이 그러한 싸움에 뛰어든 이상 남성들의 사고방식을 잘 알아야 싸움에서 유리한 고지를 점령할 수 있습니다.

태평한 남자의 뇌, 예민한 여자의 뇌

타잔의 세계에서는 먹이사슬의 가장 위에 있는 동물이 모든 룰을 정합니다. 그 룰을 따르지 않으면 정글을 떠나거나 죽을 수밖에 없습니다. 방법의 차이만 있을 뿐 남성 중심의 조직도 다르지 않습니다.

남성들의 관점에서 보면 상사가 일을 시킬 경우 군소리 없이 그 일을 해내야 합니다. 그러나 여성들은 상사가 일을 시킬 경우

'지시'하는 상사와 '대화'를 시도합니다. 그래서 남자 상사들은 여자들에게 일을 시키는 것을 꽤나 피곤한 일이라고 생각합니다.

예전에 채용했던 한 여직원은 32살의 적지 않은 나이에 대학원을 졸업하고 신입사원으로 들어왔습니다. 나이는 많지만 신입사원이기 때문에 기초부터 알려줘야 했습니다. 그런데 이 여직원은 자신의 경우 일의 전체 흐름이 머릿속에 그려져야 일을 할 수 있다면서 일의 흐름을 설명해 달라고 했습니다. 그래서 최선을 다해 알기 쉽게 설명을 해주었지만 이해를 하지 못했습니다. 그럼에도 그녀는 매번 일을 시킬 때마다 일의 흐름을 설명해 달라고 요구했습니다.

사실 신입사원에게 시키는 일은 단순한 업무가 대부분입니다. 전체의 흐름을 설명하면 오히려 일을 어렵게 생각하거나 헷갈릴 수 있습니다. 남자직원들의 경우, 대부분 일을 시키면 전체 흐름을 알려달라는 말은커녕 왜 시키는지 궁금해하지도 않습니다. 단지 시키는 일을 해내기 위한 질문을 할 뿐입니다. 따라서 서열 중심의 조직 사회에서 섣불리 상사와 토론을 하려고 들어서는 안 됩니다. 토론은 업무에 있어 어느 정도 입지를 굳히고 나서야 가능합니다.

현대 사회에서 살아남는 데에는 생물학적 관점에서 보았을 때, 남성보다 여성이 더 유리합니다. 우리가 흔히 좌뇌와 우뇌로 부르는 부분을 정확히 말하자면 대뇌 좌반구와 대뇌 우반구입니다.

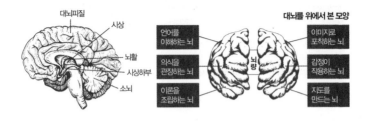

뇌는 3중으로 되어 있는데, 생명을 담당하는 근뇌와 근뇌를 싸고 있는 중뇌는 감정을 담당합니다. 이성적인 사고를 담당하는 대뇌가 중뇌를 싸고 있는데, 이 대뇌가 반으로 갈라져 있고, 이 대뇌를 이어주는 것이 뇌량과 전교련입니다.

좌뇌는 주로 언어와 수리를 담당하고 논리·분석적인 사고를 담당합니다. 우뇌는 감성과 직관, 예술적 창조와 통합적 사고 및 잠재적 재능과 잠재의식 등을 담당합니다. 여성은 남성에 비해서 좌뇌와 우뇌를 연결하는 뇌량과 전교련이 약 12퍼센트 정도 더 큽니다. 때문에 여성들이 남성에 비해 언어능력과 직관력이 뛰어납니다. 복잡한 지적知的 작업을 할 때 여성은 좌뇌와 우뇌를 모두 사용하지만, 남성은 그 일에 적합한 한쪽 뇌만 사용합니다. 이처럼 여성은 복잡하거나 지적인 일을 할 때 남성보다 유연하고 넓은 시야를 가지고 일을 할 수 있습니다. 현대 사회는 복잡하고 지적인 일을 많이 요구하니 여성이 남성보다 생물학적으로 유리하다는 것입니다.

그리고 여자는 남자보다 전교련이 두꺼워서 감정의 교류가 활발합니다. 감정의 정보량이 많으니 사소한 일에도 민감하게 반응합니다. 여자들이 섬세한 것은 여기에서 기인합니다. 남자는 감정의 정보량이 물리적으로 여자보다 적습니다. 그래서 본인이나 주변 사람들의 감정에 둔하기 쉽습니다. 이런 면에서 볼 때 조직사회의 역학관계를 파악하는 데에는 남성보다 여성이 더 뛰어날 수 있습니다.

이제 답은 나왔습니다. 일단 서열 중심의 세계를 이해해 주어야 합니다. 상사의 지시가 있을 때에는 감정 교류보다 드러난 사실Fact을 먼저 다루어야 합니다. 그러면서 일의 흐름과 정치적인 상황, 드러나지 않는 관계 지도 등을 두루 살펴놓아 전쟁에서 승리하기 위한 만반의 준비를 해야 합니다.

생물학적 차이를 뛰어넘는 인간의 의지

전설의 록밴드 비틀즈의 멤버 개개인은 그다지 뛰어난 뮤지션은 아니었다고 합니다. 그들이 오늘날에도 전설로 회자되고 있는 것은 함께 있을 때 최고의 실력을 발휘했기 때문입니다. 비틀즈는 보컬과 연주자들이 명확히 구분되어 있지 않았습니다. 멤버 중 그 누구라도 노래를 할 수 있었습니다. 심지어 드러머였던 링고 스타도 노래를 불렀습니다. 이들은 각자의 개성을 존중하면서도 팀워크를 발휘해서 시너지 효과를 거두었던 것입니다.

직장동료들의 경우도 손발이 잘 맞는 사람들은 뇌 활동도 일치한다는 연구결과가 나왔습니다. 일본 히타치 제작소의 고이즈미 히데아키 박사 연구팀은 2명이 서로 협동하여 작업할 때는 뇌 활동과 시간이 일치한다고 밝혔습니다.

연구팀은 2명의 실험대상자의 눈을 가린 후, 서로 마주 보고 앉게 한 다음 10초를 세고 나서 동시에 버튼을 누르도록 했습니다. 그리고 버튼을 누르는 순간의 뇌 혈류량의 변화를 측정했습니다. 그 결과 버튼을 누르는 타이밍이 거의 동시에 이루어졌을 때, 두 사람의 뇌 활동 패턴이 비슷한 것으로 나타났습니다.

미국 예일 대학의 밀러 박사는 내장이나 심장의 근육처럼 우리 의지로 조절할 수 없는 근육불수의근이나 자율신경계도 조건에 따라 우리 의지로 조절이 가능하다는 사실을 1950년대에 발견했습니다.

이렇게 불수의근이나 자율신경계를 우리 의지로 제어하는 기술이 바로 바이오피드백biofeedback입니다. 특히 뇌파를 통제하는 바이오피드백 기술을 신경이란 의미의 접두사 뉴로neuro-와 결합해 뉴로피드백neurofeedback이라 부릅니다.

1958년 미국 시카고 대학의 조 카미야Joe Kamiya 박사는 뉴로피드백의 원리에 따라 뇌파를 조절해서 마음의 상태를 바꾸는 실험을 최초로 실시했습니다. 당시는 인간의 모든 것이 유전자에 의해 결정돼 있다는 결정론이 우세하던 때였지만, 카미야 박사는 자유로운 인간의 의지를 실험해 본 것이었습니다.

카미야 박사는 대학원생인 리처드 바크Richard Bach, 소설《갈매기의 꿈》의 저자에게 자신의 마음 상태가 알파파 상태라고 생각하면 벨을 누르라고 지시했습니다. 그리고 그동안 뇌파를 측정해 바크에게 정답을 알려줬습니다. 그 결과 첫째 날은 30분 동안 60번 시도해 50퍼센트를 맞췄고, 둘째 날은 65퍼센트, 셋째 날은 85퍼센트, 넷째 날은 거의 100퍼센트를 맞추는 결과를 얻었습니다.

다음은 반대로 첫 번째 벨이 울리면 알파파 상태에 들어가고 두 번째 벨이 울리면 알파파 상태에서 빠져나오도록 했는데 모두 성공했습니다. 카미야는 바크에게 "어떻게 그렇게 쉽게 뇌파를 조정했냐?"고 묻자 바크는 "시각적 심상이 사라지면 알파파에 빠진다"고 대답했습니다. 예를 들면, 오케스트라가 연주하는 음악을 상상하면 알파파 상태이지만 연주하는 영상을 떠올리면 알파파 상태가 아니라는 것입니다.

이 실험은 인간이 뇌파를 의지로 조절할 수 있다는 결과를 보여주었습니다. 남성과 여성이 생물학적으로 차이가 있다는 것은 만고불변의 진리지만 인간은 의지에 따라 생물학적 차이도 뛰어넘을 수 있습니다.

입사를 하게 되면 성별을 떠나 조직문화에 맞는 사람으로 훈련을 받아야 합니다. 그리고 조직 안에서는 성과로 그 사람을 판단한다는 사실을 배워야 합니다. 이런 것들을 가르쳐야 하는 것은 직장 상사나 선배들입니다.

하지만 남성 중심의 조직문화가 뿌리 깊이 박혀 있어서인지 여성 신입사원들에게 이러한 내용을 제대로 전달하지 못하고 있습니다. 어떤 회사의 조직이 남성과 여성으로 갈려 의사소통이 제대로 이루어지지 않고 있다면 그것은 여성의 잘못이 아니라 리더의 잘못입니다.

남성들은 생물학적으로 여성들과 다르기 때문에 공감능력이 떨어져서 아이를 키우는 것이 힘들다고 말합니다. 반면에 여성들은 생물학적으로 체력이 남성보다 약하기 때문에 힘을 쓰는 일은 하기 힘들다고 말합니다. 그러나 속으로는 모두 이것이 한낱 변명이라는 것을 잘 알고 있습니다.

정상적인 뇌를 가진 사람의 경우 좌반구로 들어간 정보는 우반구에 전달되고 우반구로 들어간 정보는 좌반구로 전달됩니다. 대뇌 피질은 두 개의 반구로 분리되어 있지만, 뇌량으로 연결되어 있기에 서로 정보를 전달하며 통합적으로 작용하는 것입니다. 따라서 일상생활을 할 때 한 쪽 반구만 쓴다는 것은 있을 수 없는 일입니다.

물론 앞서 말했듯이 뇌의 구조상 여성이 남성보다 약간 더 유리한 것은 사실입니다. 그렇다고 해서 남성들의 뇌 기능이 떨어진다는 말은 아닙니다. 노력 여하에 따라 얼마든지 감성 능력과 통합적 사고력을 개발할 수 있습니다. 여성들의 경우도 마찬가지입니다. 남성 중심의 룰이 지배하는 조직사회에서 살아남기 위해서는 자신의 장점을 더욱 갈고닦아야 합니다.

타잔은 사냥을 나갈 때 목숨을 걸고 나갑니다. 반면에 제인은 과일을 따러 나가는 일에 목숨을 걸지는 않습니다. 남성들이 직장에 다니는 것은 타잔이 목숨을 걸고 사냥을 나가는 것과 다르지 않습니다. 반면에 여성의 많은 비중이 커리어라는 과실을 따기 위해 직장에 다닙니다. 따라서 직장에서 일을 하는 태도가 다를 수밖에 없습니다.

여성들은 남성 중심의 조직 사회에서 살아남기 힘들다고 말하기 이전에 남성들만큼 삶을 다 걸고 일을 하고 있는지 스스로에게 물어봐야 합니다. 타잔과 제인이라는 이분법적 사고로는 먹이사슬의 정점에 살아남을 수 없습니다.

chapter 9

선택과
집중

여자가 일을 버리는 수백 가지 이유

스마트폰 하나를 사려고 해도 디자인뿐 아니라 단말기 가격, 약정 기간 등 이것저것 따지며 '호구가 되는 것은 아닌가' 고민을 거듭해야 하는 시대입니다. 인생도 이와 마찬가지입니다. 항상 크고 작은 선택이 기다리고 있습니다. 인간에게 있어 선택의 욕구는 본능에 가깝다고 할 수 있습니다.

선택은 결과뿐만 아니라 과정도 인생에 중요한 영향을 미칩니다. 인간은 어떤 것을 선택할지 고민할 수 있을 때 행복을 느끼기도 합니다. 아무런 선택 없이 무조건 받아들여야 한다고 생각해 보십시오. 얼마나 불행한 삶이겠습니까.

문제는 사람들이 언제나 올바른 선택을 할 수는 없다는 것입니다. 선택의 결과가 나쁠 때 따라오는 책임은 자신이 고스란히 떠안아야 합니다. 스마트폰은 다시 바꿀 수 있지만 인생의 배우자를 잘못 선택한 경우 바꾸기가 어려운 것처럼 말입니다.

직장에 계속 다녀야 하나 말아야 하나 결정하는 것도 쉽게 선택하기 어려운 문제입니다. 특히 여성의 경우는 선택이 쉽지 않습니다. 결혼할 때, 임신했을 때, 아이를 키워야 할 때 등등 쉽게 어느 한쪽으로 결론을 내리지 못할 상황들이 많이 발생합니다. 따라서 여성이 직장에 계속 다니기 위해서는 남성보다 더 많은 이유가 필요합니다. 남편, 임신, 아이를 뿌리치고 직장에 다닐 이유 말이죠. 아무리 생각해 봐도 이보다 나은 이유가 없다면 직장을 그만두고 살림과 육아에 전념하게 됩니다.

이렇게 선택이 어려운 이유는 가정을 꾸리게 되기 때문입니다. 남성은 가정을 꾸리면 앞서 보았듯이 선택이 단순해집니다. 하지만 여성은 어려운 선택지가 자꾸만 늘어나게 됩니다. 이렇게 선택지가 다양하기 때문에 커리어 우먼으로서 살아가는 것은 대단히 어려울 수밖에 없습니다.

선택과 집중은 경제학자 마이클 포터가 주장한 경영학 이론입니다. '무엇을 선택하고, 어디에 집중할 것인가'를 결정할 수 있어야 경쟁력이 생긴다는 것이죠. 그런데 여성들은 선택에서부터 벽에 부딪치기 때문에 경쟁에서 뒤처질 수밖에 없습니다.

인생은 선택의 결과물이다

고등학교 동창생 중에 두 아이를 둔 워킹맘이 있습니다. 이제는 아이가 초등학교에 입학에서 손이 덜 간다고는 하지만, 워킹맘으로 살아간다는 것은 몸과 마음이 고달픈 일입니다.

친구는 직장이 서울에 있지만 남편의 직장은 경기도에 있어서 남편 직장이 가까운 곳에 집을 마련했습니다. 그러다보니 출근 준비하랴, 아이들 학교 보내랴 매일 아침마다 전쟁을 치릅니다. 퇴근해서도 빨리 집으로 와 쉬고 싶지만 거리가 멀다보니 일찍 올 수가 없습니다.

커리어와 경제적인 부분을 모두 고려해서 아직까지 직장을 다니고는 있지만 언제까지 버틸 수 있을지 답답하기만 합니다. 이런 상황이다 보니 사랑스러운 두 아이가 때로는 짐스럽게 느껴질 때도 있다고 합니다.

전업주부라고 해서 워킹맘보다 나은 상황일까요? 전업주부는 오히려 워킹맘이 부럽다고 말합니다. 워킹맘은 적어도 출퇴근 시간이라도 있지만 전업주부는 자리에서 일어서는 시간이 출근 시간이고 자리에 눕는 시간이 퇴근 시간입니다. 그러니까 잠자는 시간을 제외하면 하루 종일 일을 하는 것이죠.

그런데 워킹맘이든 전업주부든 자신이 처한 상황을 바꿀 수는 없는 것일까요? 단순히 생각하면 쉬운 일입니다. 워킹맘은 사표를 내면 되고 전업주부는 취업을 하면 됩니다. 하지만 양쪽 모두 고민만 죽어라 하고 결정을 내리지 못합니다. 그러면서 워킹맘은 자신을 사회생활로 내모는 남편을, 전업주부는 자신을 집안에 가둬두는 남편을 원망합니다.

이런 생각은 지금 살고 있는 삶이 자신이 선택한 결과물들이라는 것을 간과한 결과입니다. 열쇠는 자신의 손에 쥐어져 있는데 말입니다.

우리가 착각하는 것 중의 하나가 전업주부는 경제 활동을 전혀 하지 않는다고 생각하는 것입니다. 그러나 직장에 다니든지 집에서 살림을 하든지 경제 활동을 하는 것은 마찬가지입니다. 그러나 전업주부는 자신이 경제 활동을 못한다고 생각하며 자괴감에 빠집니다. 이렇게 자신이 한 선택을 후회할 때 가장 큰 문제는 집중을 할 수가 없게 된다는 점입니다. 반대의 경우도 마찬가지입니다. 아이와 함께 있어주지 못하는 것에 대해 후회하다 보면 직장 일에 집중을 할 수가 없습니다.

맞벌이를 하다 전업주부를 선택하면 수입이 줄어드는 것은 당연합니다. 그래서 사고 싶은 것을 포기해야 될 때가 많습니다. 전업주부가 되면서 아이와 함께 하는 시간이 많아졌지만 전보다 힘은 배로 듭니다. 워킹맘의 경우는 이와 반대일 것입니다. 경제적으로 숨통은 트이지만 아이들과 함께하는 시간이 적습니다. 커리어를 쌓아간다는 보람은 있지만 가족의 대소사에 참여하지 못해 미안한 마음이 듭니다.

세상에 공짜는 없습니다. 모든 것을 가지려 하다 모든 것을 잃을 수 있습니다. 하나를 얻으면 하나는 포기해야 하는 게 세상 사는 이치입니다. 따라서 선택이 끝났다면 얻은 것에 기뻐하고 집중해야 합니다.

기준선의 차이가 행복의 차이

그런데 전업주부와 워킹맘이 서로를 적대시한다는 것은 큰 문제입니다. 우리나라의 여성들은 전업주부와 워킹맘으로 편을 갈라 싸운다는 느낌조차 듭니다. 예를 들어 전업주부의 경우 학부모 모임에서 워킹맘들을 만나면 별로 반가워하지 않습니다. 평소에는 학교일에 관심이 없다가 학부모 모임 때만 슬쩍 끼어드는 것이 달갑지 않은 것이죠. 반면에 워킹맘들은 학부모 모임이 있는데도 자신들에게 연락도 안 해주는 전업주부들이 얄밉습니다. 없는 시간을 쪼개어 모임에 참석하려고 하는데도 말이죠.

이렇게 서로간의 갈등이 생기는 것은 모든 여성들을 전업주부아니면 워킹맘이라는 이분법적인 사고로 바라보기 때문입니다. 전혀 다른 기준선을 가지고 있는 사람들이 각자의 잣대로 서로를 판단하려 하니 곱게 보일 수가 없는 것입니다.

채식주의자와 육식주의자가 함께 식사를 하면 불편할 수밖에 없습니다. 서로의 가치관이 정반대인 사람들이기 때문입니다. 그렇다고 양쪽 모두 잘못된 것은 아닙니다. 그 어느 쪽도 자신의 선택과 취향의 문제일 뿐입니다. 따라서 비교를 하려면 같은 선택을 내린 사람들 사이에서 해야 합니다. 육식주의자의 경우 소고기를 좋아하는 사람이 있고 돼지고기를 좋아하는 사람이 있는 것처럼요.

이렇게 기준선을 달리하면 다른 사람과 비교를 해도 전혀 기분 나쁘거나 껄끄럽지가 않습니다. 전업주부의 경우 워킹맘과 비교를 할 게 아니라 다른 전업주부와 육아의 방법이라든지, 살림의 노하우를 비교해야 합니다. 워킹맘의 경우는 일을 효율적으로 하는 방법이라든지 직장 내에서의 인간관계 등을 비교해야겠죠. 이렇게 기준선을 어디에 두느냐에 따라 갈등이 생길 수도 발전할 수도 있습니다.

기준선은 우리의 삶과 행복에 대한 사고방식에도 영향을 미칩니다. 예를 들어 똑같은 설문 조사를 하더라도 질문의 순서에 따라서 사고방식이 변합니다.

1. 최근 남편과 언제 진지한 대화를 하셨나요?
2. 행복하신가요?

이런 순서로 질문을 하면 '남편과 대화를 별로 하지 않아서 행복하지 않아'라고 연상하게 되어 불행하다는 대답을 하는 사람들이 많이 나옵니다. 하지만 순서를 바꿔서 질문을 하면 다른 결과가 나옵니다. 자신의 행복을 먼저 판단하고 남편과의 대화를 떠올리기 때문에 행복하다는 대답이 많이 나오게 되는 것입니다.

서로의 기준점이 다른 전업주부와 워킹맘이 서로를 비교하면 불행할 뿐입니다. 무엇을 기준선으로 놓고 판단할 것인가는 자신이 선택한 삶 위에서 이루어져야 합니다. 자신이 워킹맘을 선택한 경우 행복의 기준선은 커리어, 연봉, 전문성 등이 되어야 합니다. 전업주부라면 행복의 기준선이 가정의 평화, 자녀의 건강, 자신의 만족이나 남편의 인정 등이 되어야 하겠죠.

전업주부가 커리어나 연봉에 기준을 두면 불행할 뿐입니다. 워킹맘이 자녀와 보내는 시간에 기준을 두면 불행하듯이 말입니다. 워킹맘이나 전업주부 둘 중 하나를 선택했다면 다른 하나는 과감히 포기해야 합니다. 선택하지 못한 것에 미련을 두는 것처럼 어리석은 일은 없습니다. 행복은 포기한 것에서가 아니라 선택한 것에서 찾아야 합니다.

양보다 질

갓 태어난 새끼 원숭이를 어미로부터 격리시킨 뒤 두 종류의 가짜 엄마가 있는 방에 들여보내 어떤 행동을 하는지 관찰한 실험이 있습니다. 두 종류의 가짜 엄마 중 하나는 철사로 만들어져서 딱딱하고 차가웠지만 우윳병이 있었고, 다른 가짜 엄마는 우윳병은 없었지만 철사 안에 전구를 켜고 털로 감싸서 부드럽고 따뜻

했습니다.

새끼 원숭이는 평소에는 털이 있는 가짜 엄마에게 안겨 있었고, 배가 고플 때만 우윳병이 있는 차가운 엄마에게 갔습니다. 겁을 주면 털이 있는 가짜 엄마에게 달려가서 안정을 찾았으며, 낯선 환경으로 옮겨 놓았을 때도 털이 있는 가짜 엄마에게서 떨어지지 않았습니다.

가짜 엄마에게 바늘을 숨겨놓기도 했는데, 피가 날 정도로 아파도 털 있는 가짜 엄마에게서 떨어지려고 하지 않았습니다. 이것이 그 유명한 해리 할로Harry Harlow의 애착실험입니다. 이 실험은 아이에게 정서적인 안정감을 주고 애착을 형성하는 것이 얼마나 중요한 것인지 알려주고 있습니다.

해리 할로의 실험 결과를 접한 워킹맘들은 머릿속이 복잡해질지도 모릅니다. 아이들과 함께하는 시간이 적기 때문에 아이의 성장에 문제가 생기지 않을까 걱정이 될 테니까요. 그러나 그리 걱정할 필요는 없습니다. 정서적인 안정감과 애착은 아이와 함께하는 시간의 절대량에 좌우되는 것이 아니라 질에 의해 좌우됩니다.

전업주부라고 해서 아이들과 애착관계가 크다고 착각해서는 안 됩니다. 엄마도 사람인지라 아이에게 하루 종일 시달리다 보면 짜증을 낼 때가 있습니다. 아이에게 화가 나서 소리를 지르면서 때로는 엄하게 키우는 것이라고 합리화합니다. 이런 상태에서는 아이와 애착이 생길 리가 없습니다. 반면에 짧은 시간을 함께하더라도 사랑하는 마음을 가득 담아 아이를 대하면 아이들은 엄마에게 강한 애착을 느낍니다. 그런데 직장에서 파김치가 되어 돌아온 워킹맘에게는 아이와 함께할 정신적, 육체적 여유가 없습니다. 엄마가 정신적으로 안정이 안 되어 있는데 아이에게 안정을 바랄 수는 없을 것입니다.

아이는 어른의 거울입니다. 엄마가 행복하면 아이도 행복합니다. 엄마가 짜증을 내면 아이도 짜증을 냅니다. 그래서 엄마는 감정을 잘 조절할 수 있어야 합니다. 아이에게 필요한 것은 장난감도 동화전집도 아닙니다. 아이가 필요로 하는 것은 잠시만이라도 따뜻하게 안아줄 엄마입니다.

자신의 감정을 다스리는 것은 노력이 필요합니다. 태어나면서부터 감정을 조절하는 능력을 타고나는 사람은 없습니다. 감정을 조절하기 위해서는 내면의 소리를 잘 들어야 합니다. 내면의 소리를 주의 깊게 들으면 자신이 화가 난 원인을 알 수 있습니다. 자신의 감정을 단어로 설명할 수 있을 정도로 자세히 알고 나면 고치는 것은 무척 쉽습니다.

꾸준히 훈련하다 보면 머지않아 감정을 다스리는 능력을 얻게 될 것입니다. 분노의 감정을 다스릴 수 있는 사람들은 늘 행복합니다. 그런 행복한 마음으로 아이를 꼭 안아주면 그것으로 충분합니다.

chapter 10

여성 리더는 왜
외로울까

조직에서 30대 여성의 의미

직장 여성이 30대 중반에 접어들면 이미 과장으로 승진했거나 승진을 앞두게 됩니다. 이렇게 중간 관리자의 위치에 올라서게 되면 직원들과 서로 도움을 주고받는 수평적인 관계를 유지하는 것만으로는 부족합니다.

결과물을 만들어 내야 하는 위치에 있으니 팀원들에게 업무를 적절하게 분배하고 독려해야 합니다. 그리고 때로는 채찍질도 필요합니다. 굳이 남성, 여성으로 나누지 않더라도 승진을 했거나 승진 대상자인 사람들이 갖춰야 할 자질입니다. 이러한 리더로서의 자질은 태어날 때부터 저절로 생기는 것이 아닙니다. 보고, 듣고, 스스로 노력해야만 생기는 자질입니다.

우리나라 남성의 경우 군대에서 조직문화의 특성에 대해 배울 수 있기 때문에 여성보다는 리더로서의 자질을 기르는 데 좀 더 유리한 위치에 있습니다. 반면에 여성들은 직급에 따른 행동양식을 배울 기회가 없기 때문에 승진을 하고 나면 한동안 자신의 자리에 적응을 하지 못합니다. 앞서서 경험한 여자 선배에게 조언을 구하려고 해도 남아 있는 선배가 거의 없습니다. 회사에서 임원까지 승진한 여자 선배를 찾아보기란 하늘의 별따기입니다.

따라서 좌충우돌 시행착오를 통해 배울 수밖에 없는데, 조직의 입장에서는 무능한 사람이라고 보기 쉽습니다. 조직의 입장도 어느 정도는 이해가 갑니다. 그동안 조직을 선점해 온 것은 남성들이었고, 룰을 만든 것도 남성들이었기 때문입니다. 이렇게 남성적 조직문화의 눈으로 여성 관리자의 행동을 보면 당연히 실수투성이로밖에 보이지 않을 것입니다.

'사람은 변화에 반응한다'라고 주장한 행동경제학자 카너먼과 트버스키는 '프로스펙트 이론Prospect theory, 전망 이론'을 만들어 냈습니다. 프로스펙트란 희망이나 기대를 뜻하는 말이지만 가치와 관련된 말이기도 합니다. 프로스펙트 이론은 절대적인 수준과 가격이 가치를 매기는 것이 아니라 개인에 따라서 어떤 준거점을 갖고 있느냐에 따라서 다르게 인식을 한다는 이론입니다. 조직도 마찬가지입니다. 남성이 많은 조직에서의 리더십과 여성이 많은 조직에서의 리더십이 같을 수 없습니다.

기존의 조직은 남성이 주도하는 경우가 많았기에 여성이 조직을 이끌게 될 경우 기존의 리더십 모델을 적용할 수가 없었습니다. 성을 바꿀 수는 없으니, 스스로 리더십 모델을 개발할 수밖에 없는 상황을 맞닥뜨리는 것입니다. 속된 말로 맨땅에 헤딩을 해야 하는 상황인 것입니다.

저 역시 처음으로 부하직원이 생겼을 때 당황했던 기억이 납니다. 부하직원이 생기고 나서 성별을 기준으로 판단하지는 않으리라 마음먹었지만, 성별에 따른 차이는 분명히 존재했습니다. 묻지도 따지지도 않고 지시사항을 처리하는 남자 직원과 달리 자꾸만 이유를 따지는 여자 직원의 모습은 낯설기만 했습니다.

여자들은 무의식 중 상사를 동료로 인식하는 경우가 많습니다. 하지만 남성의 경우는 직장 내 관계를 철저하게 상하관계로 인식하기 때문에 상사의 지시를 군대의 명령처럼 여기고 어떻게든 해내려 노력하는 것입니다.

물론 어느 쪽이 옳고 그른 것은 아닙니다. 외부 환경에 빠르게 대응할 필요가 있을 때는 남성 조직의 특성인 빠른 명령 체계가 필요하고, 신규 사업에 대한 논의를 할 때는 여성의 수평적인 의사소통 방식과 열린 대화가 필요합니다. 그러나 아직까지 우리나라의 기업은 남성의 수직적인 문화와 명령 체계에 더 익숙합니다. 그래서 명령 체계에 익숙지 못한 여성을 관리자로 승진시키는 것을 주저합니다.

여성이 30대가 되면 승진이냐 퇴사냐를 선택해야 할 상황에 놓일 때가 많습니다. 만약 조직에 남아 있고 싶다면 남성적 리더십 문화를 이해해야 합니다. 그리고 정확한 분석을 통해서 전략적인 포지셔닝을 해야 합니다. 여성 관리자들이 조직 관리에 실패하는 이유는 남성적 특징, 혹은 여성적 특징 어느 한쪽으로 치우치기 때문입니다. 따라서 실패하지 않기 위해서는 남성 조직에서 필요로 하는 수직적인 사고방식을 이해하는 한편, 여성의 수평적인 의사소통 역량을 최대한 활용해야 합니다. 그렇지 않고 남성의 리더십만 좇는다면 어쩔 수 없이 최대한 여성성을 죽이고 전사처럼 변할 수밖에 없습니다. 외로운 길을 택하는 것입니다.

살아남는 자가 강자

조금 오래된 얘기기는 하지만, 1994년 4월 7일자 경향신문에 'X세대 탤런트 연기력도 X'라는 제목의 기사가 실렸습니다. 연기력보다는 외모를 앞세운 X세대 탤런트는 외모 외에는 신통한 것이 없다는 내용의 신문기사였습니다.

이 기사에서 다룬 X세대 탤런트는 이병헌, 손지창, 장동건, 이정재, 심은하, 이영애 등이었습니다. 이병헌은 고액의 출연료에 비해 연기 깊이나 뚜렷한 색깔이 없다고 평했고, 이정재는 CF 이외에는 별다른 연기 경력도 없는데 주요 배역을 맡았다면서 비판했습니다. 〈마지막 승부〉로 떠오른 심은하와 화장품 CF모델 출신인 이영애 역시 연기력에서는 미지수라고 평가했습니다. 지금은 연기력을 인정받고 있는 탤런트들인데도 1994년에는 외모 외에는 긍정적인 평가를 받지 못했던 것입니다.

그런데 그 기사에는 지금은 잊힌 인물들도 몇 명 등장합니다. 과연 무슨 차이에 의해 어떤 탤런트는 외모뿐만이 아니라 연기력까지 인정받게 되었고, 어떤 탤런트는 사람들의 기억에서 사라져 버렸을까요?

분명 재능의 차이는 아닐 겁니다. 모두가 동일선상에서 출발했을 것입니다. 오늘날 외모뿐만 아니라 연기력까지 인정받는 탤런트들은 천재적인 재능 덕분으로 살아남은 것이 아니라 자신이 부족한 부분을 갈고닦기 위해 부단한 노력을 했기 때문에 살아남은 것입니다. 강해서 살아남은 게 아니라 살아남기 위해 강해진 것이죠.

우리는 일이 잘 안 풀릴 때마다 능력 밖이라며, 어쩔 수 없다며 합리화를 하는 경우가 많습니다. 여성들은 남성 중심의 조직사회에서 오랫동안 직장생활을 하는 것은 어려운 일이라고 생각합니다. 물론 틀린 말은 아닙니다. 임신을 했다고 퇴사 당하고, 산후휴가를 갔다고 퇴사 당하는 경우도 분명히 있습니다.

사실, 조직에 순응하지 못하는 자신의 탓인지, 순응하지 못하게 만드는 환경 탓인지를 논하는 것은 의미가 없습니다. 어떤 식으로든 살아남는 자가 강한 자라는 것을 깨닫는 것이 중요합니다.

비록 여성의 본격적인 사회진출이 이루어진 시기가 오래되지는 않았지만 오늘날까지도 기업 내에 남성 임원의 비율이 높은 것은 남성들이 어떤 식으로든 살아남았고, 강자가 되었다는 것을 의미합니다.

이렇게 남자가 강자인 조직에서 여성은 약자일 수밖에 없습니다. 그리고 약자는 강자가 만든 룰에 따를 수밖에 없습니다. 그렇기 때문에 워킹맘을 선택하면 남성의 룰에 따라 많은 것을 포기할 수밖에 없습니다.

어쩌면 여성들 스스로 약자의 삶을 택하는 것이 아닌가 싶을 때도 있습니다. 정신과 의사를 찾아온 주부에게 "당신에 대해서 설명해 보세요"라고 물으면, "저는 아들 둘을 둔 엄마고요. 남편은 대기업에 다니고 있어요. 남편은 얼마 전에 승진을 했고, 첫째는 명문대에 입학했어요. 둘째는 고3이고요"라고 대답한다고 합니다. 그래서 "가족 얘기 말고 자신의 얘기를 해보세요"라고 하면 또 10초 정도 침묵하다가 "저희 부모님은 지방에 계시고요, 저는 2남 1녀 중 둘째예요"라고 대답한다고 합니다.

자신의 삶의 주인공이 자기 자신이어야 하는데, 자기 자신은 없고 온통 남편과 자식밖에 없습니다. 만약 모든 것이 사라진다면 이 여성의 삶은 어떻게 될까요. 스스로 약자가 되어놓고는 살아남기를 바랄 수 있을까요?

결혼을 한다고 해서 어느 한쪽을 희생하는 삶을 살아서는 안됩니다. 아무리 부부 일심동체라고는 하지만 남편에게는 남편의 인생이, 아내에게는 아내의 인생이 있는 법입니다. 여성 스스로 삶의 주인공이기를 포기한다면 영원히 약자인 채로 살아야 합니다.

물론 직장을 다니고 돈을 버는 능력을 갖추어야만 강자가 되는 것은 아닙니다. 전업주부라고 하더라도 자신의 삶의 방향을 스스로 설정하고 그 안에서 주인공으로 살아간다면 강자일 수 있습니다.

약자는 특징이 있습니다. 지금까지 자신이 살아온 삶은 자신의 선택에 의한 것이 아니라고 말한다는 것입니다. 자신의 인생인데 자신이 선택하지 않았다는 것이 말이 되는 것일까요? 직장에서 승진하지 못한 것이 정말로 유리 천장 때문일까요? 유리 천장을 깨기 위해 정말로 죽을 만큼 노력을 했나요? 앞으로 나아가지 못하고 있는 자신을 합리화하기 위해 사회가 불합리하다고 화를 내고 있지는 않은가요? 화를 낼 시간에 어떻게 하면 살아남을 수 있을지 고민하고 노력하는 것이 중요합니다. 결국은 살아남는 자가 강자이기 때문입니다.

PART 3

/

성깔 있네?
살아 있네!

chapter 11

아프로디테에게 없는
아레나의 능력

아, 짜증 나

함께 근무했던 30대 초반의 한 여직원은 회사에서 감정조절을 잘 못하는 편이었습니다. 출장을 맡기거나 추가로 업무를 완성해 달라고 지시하면 얼마 안 있어서 누군가와 통화를 하면서 있는 힘껏 짜증을 내고는 했습니다.

여직원은 회사가 지시한 일이 자신이 해야 할 업무라는 것을 잘 알고 있었습니다. 그래서 직장 상사인 저에게는 화를 내지 못하고 엉뚱한 데다 짜증을 낸 것입니다. 주로 만만하게 생각하는 남자친구나 친구에게 전화를 걸어 짜증을 내고는 했습니다. 재미있는 건, 남자친구와 다정한 대화를 나눌 때는 사무실 밖에서 전화를 하면서, 짜증을 낼 때는 꼭 사무실 안에서 한다는 것이었습니다. 상사에게 자신이 짜증이 났다는 것을 일부러 보여주기 위해 그러는 것이었죠.

여직원은 자신이 사용하는 '간접 표현 방식'을 다른 직원들에게도 추천하면서 직장에서 너무 참으면 오히려 손해라고 말했습니다. 그렇게라도 표현해야 자신이 그 업무를 얼마나 싫어하는지 상사가 눈치를 채고 배려해 준다는 것이었습니다.

물론 본인이 맡은 업무를 할 수 없는 사유가 충분하거나, 능력이 안 된다거나, 업무가 많아서 과부하가 걸렸다면 상사에게 말해서 조정을 해야 하는 것이 맞습니다. 그런데 이런 요청을 간접적으로 티내는 것은 옳지 않습니다. 문제가 있다고 판단되면 상사에게 면담을 요청해서 직접적으로 표현을 해야 업무를 변경을 하거나 조정을 해줄 수 있습니다. 저와 다른 팀장이 이 부분을 지적하기 전까지 그녀의 간접 표현은 계속되었습니다.

여성들이 강점을 많이 가지고 있음에도 직장에서 두각을 나타내지 못하는 이유는 여자의 감정을 이해하고 현명하게 처신할 수 있는 방법을 알려줄 수 있는 멘토나 직장 상사가 많지 않아서인지 모릅니다.

직장은 성별을 떠나 직급과 연령에 따라서 요구되는 역량과 역할이 있습니다. 회사는 30대 초반의 여성에게 자신보다 직급이 낮거나 나이가 어린 직원들의 불만을 관리해 주길 원할 것입니다. 그리고 성과 향상에 도움이 되도록 적절한 처신을 할 수 있는 조언자 역할을 기대합니다.

회사에는 인사 평가와 인사고과가 있습니다. 사원들은 인사고과에 따라서 연봉과 처우가 결정됩니다. 승진 대상자를 심사할 때 성과만 평가하지는 않습니다. 한 단계 윗자리의 역할을 수행할 자질이 있는지를 우선적으로 평가합니다. 구체적으로는 책임감과 희생정신, 그리고 직원 관리 능력을 평가합니다.

중간 관리자의 역할은 회사의 지시를 직원들이 잘 이해할 수 있도록 전달함과 동시에 의욕적으로 일할 수 있도록 만들어 주는 것입니다. 그리고 부하직원들의 불만을 잘 관리해서 해줄 수 있는 것은 해주고, 해줄 수 없는 것들은 설득해야 합니다.

이처럼 회사는 단순히 회사의 지시를 순종적으로 받아들이는 관리자를 원하는 것이 아닙니다. 잘못된 점이 있으면 이의를 제기할 수 있는 관리자를 원합니다. 단, 이의를 제기할 때는 정확한 근거와 논리가 필요합니다.

직장에서 자신이 원하는 바를 논리적으로 표현하는 대신 짜증을 내거나 우는 것으로 표현하는 것은 상사들이 원하는 것이 아닙니다. 상사들은 대부분 무엇을 원하고 있는지 알더라도 직접적으로 요구하지 않는 감정 표현은 무시해 버리기 때문입니다.

내 감정 상태를 먼저 알아야

제 친구는 남편과 생일이 딱 일주일 차이입니다. 이렇게 생일이 비슷하다 보니 생일이 먼저 인 친구의 생일날 한꺼번에 두 사람의 생일을 챙깁니다.

그런데 친구의 남편은 드러내놓고 말하지는 않았지만 서운해 하는 눈치였습니다. 그래서 한번은 친구의 생일에 케이크를 사지 않고 남편의 생일에 케이크를 사서 축하를 하자고 먼저 제안했습니다.

그리고 친구의 생일날, 그냥 지나치기로 약속했으니 아무 일 없이 하루를 보내고 있었습니다. 그런데 이상하게도 그날따라 남편이 귀가하기만을 기다리고 있는 자신을 알게 되었습니다. 평상시에도 일 때문에 늦게 귀가하는 날이 잦았는데도 그날따라 늦게 들어오는 것이 화가 났습니다. 기다리다 못해 전화를 걸어 통화를 하는 내내 이런 저런 시비를 걸며 짜증을 냈습니다.

그런데 시간이 좀 흐른 뒤 생각을 해보니 남편이 늦게 들어온 것 때문에 짜증이 난 것이 아니라 자신의 생일을 그냥 지나친 순간부터 짜증이 나 있었다는 것을 깨달았습니다. 그러니까 짜증의 원인은 남편의 행동이 아니라 자신에게 있었던 것이죠.

자기를 인식한다는 것Self awareness은 지금 여기에서 무엇을 원하는지, 어떤 감정인지, 무엇을 하고 싶은지, 무엇이 싫은지, 자신이 할 수 있는 것은 무엇이고 못하는 것은 무엇인지 등등 스스로에게 질문을 던지며 자신을 이해하는 것입니다. 이렇게 스스로에게 질문을 던질 때는 우리 뇌에서 이성적인 판단을 담당하는 전두엽이 활성화되면서 자신의 감정을 더욱 명확하게 인식할 수 있게 됩니다.

최근 들어 감정 조절에 대한 사람들의 관심이 많다 보니 잡지나 신문 기사 등에서도 자주 다루고 있습니다. 각 방면의 전문가들은 너 나 할 것 없이 어떤 식으로 감정을 다스려야 할지 조언합니다. 그러나 가장 중요한 것은 자신의 감정을 먼저 인식해야 한다는 것입니다. 자신의 감정을 인식 못하는 사람에게는 아무리 뛰어난 감정 조절 방법도 소용이 없습니다.

감정을 조절한다는 것은

일주일 동안 밤을 새워서 만들어 간 보고서를 상사에게 제출합니다. 그런데 상사는 내용을 검토하기보다 오타나 띄어쓰기, 그리고 형식에 대해서만 지적합니다. 순간 욱하고 올라옵니다. 다시 꿀꺽 삼켰어야 하는데, 그만 해서는 안 되는 말이 튀어나오고 맙니다. 이때부터 직장 생활은 나락으로 떨어집니다. 때때로 그때의 일을 떠올리며 '아, 그때 감정 조절만 잘했어도……'라며 후회합니다.

누구나 한 번쯤은 순간의 화를 참지 못해 위와 같은 일을 겪는 경우가 있을 겁니다. 그런데 우리는 화를 참는 것을 감정을 조절한다고 생각하는 경우가 많은데 이는 잘못된 생각입니다. 감정을 조절한다는 것은 화를 억누르거나 회피한다는 것이 아닙니다. 자신이 처한 상황에 맞는 감정을 느끼고 잘 표현할 수 있는 것이 감정 조절 능력입니다. 감정은 뇌에서 만들어 내는 생리적인 변화이기 때문에 그 순간 감정을 억누르거나 피한다고 해서 근본적인 문제가 해결되지는 않습니다.

어떤 여자 연예인이 지인의 갑작스러운 부고를 듣고 장례식에 간 적이 있었습니다. 그런데 조문을 하면서는 슬퍼해야 하는데 웃는 것이 습관화되다 보니 상주와 웃으면서 대화를 했다고 합니다. 항상 다른 사람의 이목에 신경을 써야 하는 직업이다 보니 자신도 모르는 사이에 감정 조절 능력을 상실하고 만 것입니다.

감정을 조절한다는 것은 자신이 느끼는 감정을 다루는 데에 노련해지는 것입니다. 자신의 상황과 목표를 고려해서 감정을 표현하는 것이 이득이 되지 않는다고 판단되면 표현하지 않을 수도 있고, 표현을 해야 한다면 목표에 도움이 되는 방향으로 표현하는 것입니다. 달리 말하면, 긍정적인 감정이든 부정적인 감정이든 회사나 가정의 상황에 맞게 받아들이고 표현하는 유연한 태도를 감정 조절 능력이라고 할 수 있습니다.

다음과 같은 상황을 가정해 봅시다.

어느 날 유치원에 갔다가 피아노 학원으로 가야 할 자녀가 아무런 연락 없이 사라졌습니다. 피아노 학원으로부터 연락을 받고 깜짝 놀라 조퇴를 하고 남편과 함께 아이를 찾으러 온 동네를 뛰어다닙니다. 하지만 그 어디에도 아이는 보이지가 않습니다. 땀에 흠뻑 젖은 옷을 갈아입기 위해 집으로 돌아가 장롱 문을 열어 보니 그 속에 잠들어 있는 아이가 보입니다. 졸린 눈을 비비며 장롱 밖으로 나오는 아이에게 소리를 지릅니다.

"너 지금까지 계속 집에 있었던 거야? 집에 왔으면 왔다고 말을 해야지!"

그러자 아이가 놀라서 울기 시작합니다. 아이가 울자 남편은 오히려 아내에게 뭐라고 합니다,

"애가 집에 있었으면 다행이라고 생각해야지. 왜 소리는 질러서 애를 놀라게 만들어!"

사실 어이없기도 하고, 안심이 되기도 하고, 놀라기도 해서 목소리가 조금 크게 나온 것뿐인데 남편이 정색을 하고 화를 내니 아내 또한 화가 치밀어 오릅니다. 아이 앞에서 싸울 수는 없어서 아이를 재운 뒤 남편을 조용히 주차장으로 끌고 나와 동네가 떠나가라 싸웁니다.

아이를 낳고 이런 일을 처음 겪으면 위와 같은 반응이 나올 수 있습니다. 엄마에게 감정을 조절할 수 있는 능력이 있었다면, 그 상황에서 어떤 감정이 드는지 인식하고, 감정이 생긴 원인을 찾아 아이와 가족에게 해야 할 적절한 행동을 했을 것입니다.

학원에 안 가고 집에서 숨바꼭질을 한 아이에게 순간적으로 화가 난 것은 당연한 일입니다. 하지만 아무것도 모르는 아이에게 소리를 칠 필요는 없었습니다. 아이를 훈육할 필요가 있다면

다짜고짜 소리를 칠 것이 아니라 무엇이 잘못된 행동이고 왜 혼이 나야 하는지 알려줘야 합니다. 그래야 아이가 앞으로는 잘못된 행동을 하지 않을 것입니다. 감정 분출이 앞서면 자신이 원하는 상황으로 만들어 나갈 수 없습니다.

인간이 인간답게 살 수 있는 능력

미국의 심리학자 대니얼 골먼Daniel Goleman은 화가 나는 순간에 잠시 참을 수 있는 자제력, 도덕적 딜레마 순간에 옳은 것을 선택할 수 있는 정직성, 자신의 행동에 책임을 질 수 있는 책임감, 주변 환경의 변화에 적응하는 적응력, 새로운 아이디어에 대한 호기심과 정보에 대한 수용력을 모두 포함한 것이 자기 조절 능력이라고 정의 내렸습니다.

잘 알다시피 사회는 혼자 살아갈 수 있는 곳이 아닙니다. 가족과 함께 살아가야 하고, 직장에서는 직장 동료와 함께 부대끼며 살아가야 합니다. 그 안에서 성공 혹은 행복을 추구하면서 살아가는 것이 인간의 삶입니다.

그럼에도 다른 사람들과의 관계는 고려하지 않고 나 혼자만 행복하게 사는 쪽을 선택하는 사람도 있습니다. 예를 들어, 마감 일자가 얼마 안 남은 프로젝트를 추진하느라 팀원들과 일주일째 밤샘 근무를 하다가 인내심이 바닥을 보이기 시작합니다. 결국 이렇게 사는 것은 사는 게 아니라며 마감일 직전에 맡은 일을 팽

개치고 사표를 낸 뒤 회사에 나오지 않는다고 생각해 봅시다. 극단적인 경우이기는 하지만 아예 없는 일도 아닙니다.

운전을 할 때 신호등이 빨간색일 때는 멈춰야 한다는 것은 상식 중의 상식입니다. 하지만 지나가는 차나 사람이 없다고 판단하면 그냥 지나갑니다. 오히려 신호를 지키는 사람들을 보면 교통의 흐름을 방해한다며 화를 냅니다.

극단적인 경우와 사소한 경우를 예로 들었지만 본질적으로는 차이가 없는 예입니다. 사람들이 삶에서 행복을 추구하는 것은 당연한 권리이지만 어디까지나 사회의 규칙 안에서 추구해야 합니다. 사회의 규칙까지 무너뜨리며 혼자만 행복해지고자 하는 사람은 자기 조절 능력이 결여된 사람입니다.

만약 아이가 학교에서 다른 아이를 왕따시킨다는 연락을 받으면 어떻게 해야 할까요? 부리나케 달려가 입에 거품을 물고 "내 아이는 절대 그럴 리가 없다"고 주장해야 할까요?

자기 조절 능력이 있는 학부모는 자녀가 학교 폭력의 가해자라는 말을 들었을 때 자신이 어떤 감정을 느끼고 있는지 먼저 파악합니다. 내가 느끼는 감정이 자존감에 상처를 입어서인지, 아니면 아이를 너무 사랑한 나머지 비현실적인 신뢰를 느끼는 것인지, 가정의 평화가 깨져서 불안감을 느끼는 것인지 등등을 파악해야 하는 것입니다. 그 다음은 상황을 정확히 파악할 수 있을 때까지 기다려야 합니다. 상황이 파악되고 나면 어떤 입장을 취하는 것이 옳은지 판단한 뒤 실행에 옮겨야 실수를 하지 않습니다.

미국 스탠퍼드 대학의 월터 미셸Walter Mischel 교수는 눈앞의 마시멜로를 통해 만족 지연 능력을 실험했습니다. 마시멜로를 먹지 않고 기다리면 두 개를 준다는 연구원의 말에 실험 대상이 된 아이들은 두 가지 반응을 보였습니다. 연구원이 올 때까지 먹고 싶은 것을 참고 기다린 아이도 있고, 기다리지 못하고 마시멜로를 먹은 아이도 있었습니다. 연구원들은 이 아이들이 어느 정도 성장할 때까지 기다려 추적조사를 했습니다. 그 결과 마시멜로를 먹지 않고 기다린 아이들이 사회적으로 성공하고 사회에 잘 적응했다는 결과를 얻었습니다.

이처럼 자기 조절 능력은 우리의 미래에 큰 영향을 미칩니다. 당장의 삶은 아프로디테가 화려하고 멋있어 보일지 모릅니다. 하지만 미래를 생각한다면 아테나의 지혜를 배워야 합니다.

chapter 12

피할 수
없다면?

자신을 정면으로 마주하는 순간

우리의 삶은 세상을 어떻게 인식을 하고 어떻게 느끼는지에 따라서 다르게 흘러갑니다. 누구나 삶에는 굴곡이 있다고 하는데, 그 삶의 굴곡을 만들어 내는 것은 바로 자신의 감정입니다. 남들이 보기에 불행한 일이라고 해도 자신이 행복하다고 느끼면 행복한 것이고, 남들이 행복하다고 얘기하는 것도 자신이 불행하다고 여기면 불행한 것입니다.

그래서 행복하게 살고 싶다면 자신의 생각과 감정에 집중할 필요가 있습니다. 특히 생물학적 구조상 감정적인 경험을 더 많이 하는 여성의 경우 감정이 자신의 생각을 대변해 줄 수도 있습니다. 따라서 내가 어떻게 느끼는지, 어떤 감정인지를 관찰하는 것이 행복지수를 높이는 가장 빠른 방법일 수 있습니다.

감정은 그리 단순하지 않습니다. 감정은 외부 자극에 대한 생리적인 반응을 통해 위험을 피하고 보상을 얻을 수 있도록 만드는 작용을 합니다. 감정은 대뇌피질의 바로 아래에 있는 변연계에서 생성되기 때문에 인식을 잘 못하고 지나가는 경우가 많습니다. 하지만 대뇌피질과 변연계가 이중구조로 긴밀하게 연결이 되어 있어서 항상 감정을 느낄 수도 있고 의식적으로 감정에 영향을 미칠 수도 있습니다.

심리학에서는 인간의 성장에 따라서 발달 단계를 나눕니다. 그래서 각 연령과 시기에 따라서 겪게 되는 사건들이 있습니다. 초·중·고등학교 입학, 취업, 결혼, 임신, 출산 등이 이에 해당합니다. 물론 사람에 따라서는 이러한 사건들을 겪지 않는 경우도 있습니다. 결혼할 시기에 독신을 선언할 수도 있고, 결혼을 하고 나서 자녀를 낳지 않겠다고 할 수도 있습니다.

중요한 것은 어떤 결정을 내리든 스스로 선택해야 한다는 것입니다. 남자랑 같이 사는 것이 두려워 결혼을 안 하거나, 자녀를 낳고 키울 자신이 없어서 임신을 안 하는 것은 선택이 아니라 피하는 것입니다.

삶에 있어 중요한 사건을 맞닥뜨렸을 때 번번이 회피하는 것은 자기 자신을 부정하는 것과 같습니다. 자꾸 상황을 회피하려는 것은 자신이 원하는 것이 무엇인지 정확히 모르기 때문입니다. 따라서 자신의 감정을 잘 관찰해서 원하는 것을 알아내야 합니다. 그래야 우리의 삶에서 겪어야 하는 일들을 현명하고 지혜롭게 대처할 수 있습니다.

피하고 싶은 심리, 셀프핸디캐핑

중요한 일을 앞두고 자신이 그 일을 하지 못한 이유를 말하면서 정당화하는 것을 셀프핸디캐핑Self-handicapping이라고 합니다. 미국의 사회심리학자 버글래스와 존스Berglas and Jones는 '학습 능력과 약물 효과'라는 실험으로 셀프핸디캐핑 현상을 설명했습니다.

먼저 피험자인 대학생들을 두 그룹으로 나누어 A그룹은 쉬운 문제를, B그룹은 어려운 문제를 풀게 한 뒤 실제 점수와는 상관없이 모두 좋은 성적이 나왔다고 알려주었습니다. 그리고 피험자들에게 다시 한 번 같은 수준의 문제를 풀라고 했습니다. 그리고 문제를 풀기 전에 두 가지 약 중 하나를 선택하게 했습니다. 하나는 집중력을 높여 문제 풀이에 도움이 되는 약이고, 다른 하나는 집중력을 떨어뜨리는 약이었습니다.

상식적으로 생각하면 모두 첫 번째 약을 골라야 합니다. 그런데 결과는 그렇지 않았습니다. 쉬운 문제를 푼 A그룹은 집중력을 높여 주는 첫 번째 약을 골랐지만, 어려운 문제를 푼 B그룹은 그 반대의 약을 골랐습니다. B그룹의 학생들은 '다음에 푸는 문제도 어려울 테니 집중력을 떨어뜨리는 약을 먹어 성적이 못 나와도

약 때문이라는 핑계를 만들어 보자'라는 생각을 했던 것입니다.

중요한 일을 앞두고 핑곗거리를 만드는 것은 다른 사람들이 자신을 어떻게 평가할까 두려워하기 때문입니다. 하지만 중요한 순간을 피한다는 것은 자기 자신을 똑바로 바라보지 못한다는 뜻이고, 진짜 자기 자신의 모습을 부정하는 것과 같습니다. 두려운 감정이 무엇 때문에 생기는 것인지 정확히 이해하기만 해도 회피 반응은 나오지 않습니다.

바쁠 때 더 필요한 마음 진단

이가 아프기 시작할 때 곧바로 치과에 가면 썩은 부분만 도려내고 때우는 정도로 치료가 끝날 수 있습니다. 하지만 치과에 가기 싫어서 미적대다 보면 이를 뽑고 임플란트를 해야 할 수도 있습니다.

마음도 마찬가지입니다. 이상 신호를 보내올 때 치료를 해야 건강한 마음을 유지할 수 있습니다. 건강한 마음을 유지하려면 감정을 그때그때 인지하고 몸과 마음이 나에게 말하고자 하는 것이 무엇인지 깨달아야 합니다.

감정이라는 것은 문화권과 인종에 관계없이 느낍니다. 폴 에크만은 이것을 기본 정서라고 정의하고 놀람, 화남, 불쾌함, 두려움, 행복함, 슬픔의 6가지 감정을 제시했습니다. 이 6가지는 어떤 인종이든 정확하게 구분해 낼 수 있습니다.

폴 에크만은 자신의 주장을 검증하기 위해 아마존 강의 원주민에게 6가지 감정 표현이 드러난 미국인들의 표정을 제시하고 어떤 감정을 느끼고 있는 것인지 판단하게 했습니다. 놀랍게도 원주민들은 모든 감정을 정확히 구분해 냈습니다. 반대로 원시인의 감정 표현을 미국 대학생들에게도 구분해 보라고 했습니다. 그러자 미국 대학생들 역시 정확하게 구분할 수 있었습니다.

감정은 이처럼 문화와 인종에 상관없이 본능적인 것입니다. 이 때문에 감정은 다윈이 진화론에서 주장했던 것처럼 인류가 생존하기 위해서 생겨난 것이라고 설명하는 사람들도 있습니다. 두려움을 느껴야 생존을 위해서 도망칠 수 있고, 분노를 느껴야 싸울 의지가 생긴다는 것입니다.

여성이 남성에 비해 좀 더 풍부한 감정을 느낀다는 것은 공공연한 사실입니다. 그런데 여성들은 감정을 느끼는 만큼 제대로 다루지 못해 손해를 보는 경우가 많습니다.

전업주부의 경우 아이를 낳게 되면 자신의 생활은 온통 아이 중심으로 돌아갑니다. 그러다 보니 지치게 되고 되도록 남편이 일찍 퇴근해서 아이를 봐주기를 원합니다. 하지만 남편은 회사에서 충분히 시달리고 들어왔으므로 집에서 아이를 돌봐줄 정신적, 육체적인 힘이 남아 있지 않다고 말합니다. 이렇게 평행선을 달리다 결국은 싸우게 되고 그렇게 되면 아내는 남편으로부터 아무 것도 얻어낼 수 없게 됩니다. 사실 아내가 원하는 것은 한두 시간만이라도 남편이 아이를 봐주는 것입니다. 그런데 화를 참지 못하고 싸움으로써 오히려 남편은 집에 더 늦게 들어오는 악순환을 낳게 됩니다.

화가 나는 이유는 여러 가지일 것이라 생각하지만, 크게 보면 단 두 가지 이유입니다. 상대방이 마땅히 해야 한다고 생각하는 행동을 하지 않을 때와 절대 해서는 안 된다고 생각하는 행동을 할 때입니다.

사람은 누구나 자신만이 갖고 있는 기대치와 원하는 상황 혹은 원치 않는 상황이 있게 마련입니다. 그런데 원하지 않는 상황이 생긴다고 해서 화를 내거나 혹은 피해 버린다면 해결하지 못한 채로 남아 있게 됩니다.

뇌 구조는 언제든 변할 수 있다

혹시 신경 가소성이라는 학문 분야에 대해 들어본 적이 있습니까? 신경 가소성은 우리가 생각하고 행동하고 주의를 기울이는 것이 뇌의 구조와 기능을 바꿔놓는 현상을 말합니다. 예를 들어 휴대폰에 전화번호 저장을 할 수 있게 됨으로써 가족의 전화번호조차 기억하지 못하는 경우가 이에 해당합니다.

1950년, BBC에서 방영된 강연 시리즈에서 영국의 동물학자인 존 재커리 영John Zachary Young은 주어지는 임무에 따라 뇌는 끊임없이 변화할 수 있다고 주장했습니다. 그는 인간의 뇌세포는 사용할수록 더 커지고 발전하지만 사용하지 않으면 줄어들거나 사라져 버린다고 했습니다.

마음의 일생은 시냅스synapse 변화의 역사라 할 수 있습니다. 영장류의 뇌는 출생 직후부터 급격하게 커지며, 유년기 이후는 천천히 성장하다가 성년기에 최대가 됩니다. 그 후 노년기를 거치면서 천천히 작아집니다. 뇌의 무게는 성장함에 따라 무거워지지만, 뇌의 신경세포 수는 반드시 감소하는 것은 아닙니다. 노년기에도 분열하면서 늘어나는 것이 있습니다.

최근의 연구에서 정신기능의 저하는 시냅스의 감소에 의한 것임이 분명해졌습니다. 마음의 일생과 비슷합니다. 나이를 먹어도 뉴런은 줄어들지 않는 것처럼 나이가 든다고 해서 감정을 못 느끼게 되지는 않습니다.

그리고 성인이 되었다고 해서 뇌의 구조가 변하지 않는 것은 아닙니다. 어떤 자극을 받느냐에 따라 뇌의 구조는 얼마든지 변할 수 있습니다. 회피전략을 자주 사용하는 사람들은 뇌의 구조가 바뀌어 비슷한 상황이 생기면 무의식적으로 회피하게 됩니다.

사실 자기 자신과 마주보는 것은 매우 괴로운 일입니다. 특히, 내면에 나약하고 겁 많은 인격이 자리 잡고 있으면 더욱 괴롭습니다. 그러나 나약한 인격을 만들어 낸 것은 바로 자신입니다. '할 수 없어', '해봤자 안 될 거야'를 속으로 외치는 동안 만들어진 인격 말입니다.

조금만 더 자신의 마음에 귀를 기울였다면 '할 수 있어'라는 목소리를 들을 수 있었을 것입니다. 그러나 포기하는 것에 익숙해져 있는 뇌구조이다 보니 진정한 내면의 목소리를 들을 사이도 없이 회피하고 마는 것입니다.

워킹맘으로 살아가는 것은 분명히 힘든 일입니다. 그렇다고 내 삶이 엉망이 되었다든가, 30대가 되어도 이루어 놓은 것이 없다든가 하는 생각을 해서는 안 됩니다. 조금이라도 얼굴이 어려 보이기 위해서 그렇게 애를 쓰면서도 왜 뇌 구조는 인생 다 산 사람처럼 방치하려 할까요?

셀프치유는 가능하다

몸이 아프면 병원에 가서 치료를 받으면 됩니다. 그런데 마음이 아프면 어떻게 해야 할까요? 정신과에 찾아가는 방법도 있지만, 근본적으로는 자신이 해결해야 합니다.

여성이 출산을 한다는 것은 세상에서 가장 성스러운 경험이라고 합니다. 그런데 출산한 이후에 우울증을 겪는 여성들이 생각보다 많습니다. 어떤 여자 연예인이 예능 프로그램에 나와 산후우울증을 겪었던 얘기를 들려준 적이 있었습니다. 결혼하고 임신을 했을 때까지만 해도 가정에서 소중한 사람이라는 생각을 들게끔 주변에서 신경 써주었는데 아이를 낳고 나니 주변 사람의 관심이 온통 아이에게로만 쏠리더라는 겁니다. 그러자 자신이 한없이 초라하게만 느껴져 우울증이 왔다고 합니다.

남편들은 아내가 우울증인 것 같다고 어렵게 고백을 하면 그냥 한순간의 감정 변화로 취급하기 일쑤입니다. 기분전환을 하면 괜찮아질 거라며 달래는 남편들도 있기는 하지만 우울증은 기분전환만으로 낫는 병이 아닙니다.

우울증의 원인으로 지목되는 것은 분노와 스트레스입니다. 자신의 분노를 과도하게 표현하거나 분노를 조절하지 못하면 분노조절 장애가 되지만 분노를 표현하지 못하고 억압하게 되면 우울증으로 발전한다는 연구 결과가 있습니다.

화병도 우울증과 마찬가지입니다. 억압된 감정이 몸의 병으로 나타난 것을 신체화 장애라고 하는데 대한민국의 대표적인 신체화 장애가 바로 화병입니다. 화병이 걸린 사람들이 몸이 아파 병원에 가면 아무런 이상이 없다는 진단을 받고는 합니다. 의사는 신경성이라는 말을 해줍니다. 병원에 아무리 다녀도 낫지 않는다는 얘기죠.

1930년대 신경외과 의사인 와일더 펜필드Wilder Penfield는 20년간의 뇌수술을 통해서 사람들은 뇌의 대뇌피질에 '신체지도'를 그려놓는다는 사실을 알아냈습니다. 이 신체지도를 '호문쿨루스homunculus'라고 불렀는데, 이는 중세 철학에서 사용했던 용어로 '난쟁이'를 뜻하는 라틴어입니다. 펜필드는 뇌수술 중에 호문쿨루스의 특정 부분을 자극하면 환청을 듣기도 하고 발가락을 움직이게 하고 웃게 만들 수도 있다는 것을 알아냈습니다.

신체지도는 의식적으로 자각된 자신의 몸으로 내가 나를 어떻게 보는지 혹은 내가 다른 사람들에게 어떻게 보이는지를 인식하는 것입니다. 뇌는 이러한 인식을 감정으로 저장합니다. 이때 감정만 저장하는 것이 아니라 신체상과 함께 저장합니다. 즉, 감정의 경험은 반드시 신체를 통해서 나타나게 되어 있는 것입니다.

강력한 감정일수록 몸에 확실한 기억을 남깁니다. 뇌가 강렬하게 느끼는 감정은 두려움, 분노, 수치심 등입니다. 이러한 감정들은 자신의 신체를 보호해야 할 때 생기는 감정이기 때문에 다른 감정들보다 예민하게 반응합니다. 그리고 핵심 감정은 반드시 신체적인 반응을 동반합니다. 예를 들어 두려움을 느끼면 도망가거나 싸울 수 있도록 심장 박동 속도를 높이고, 호흡이 가빠지게 하고, 땀을 흘리게 만드는 등의 활동을 합니다. 이 때문에 신체상태만 잘 살펴도 자신이 어떤 감정인지 알 수 있는 것입니다.

현대 사회는 옛날과 달리 몸으로 싸우거나 도망가야 할 일이 많지 않습니다. 대신 다른 방식으로 공격을 당하게 됩니다. 회의 시간에 내가 제시한 아이디어가 무시당하거나, 직장에서 뒷담화를 듣거나, 직장을 다니면서도 살림과 육아를 맡아야 하는 등 다양한 형태로 공격을 당하게 됩니다. 상당히 강력한 공격이지만 어떻게 대응을 해야 할지 몰라 감정이 상한 채 그냥 흘려보냅니다. 사실은 감정을 느끼라고 내 몸이 어떤 식으로든 신호를 보내고 있는데도 말이죠.

그래서 감정을 인식한다는 것은 몸이 보내는 신호를 인식한다는 것과 같습니다. 내 몸이 방어를 좀 해달라고 계속 신호를 보내는데 그것을 느끼지 못하고 그냥 지나친다면 몸이 상할 수밖에 없습니다. 바로 화병이 생기는 원리와 같습니다.

결국 내 마음이 다쳤을 때는 스스로 먼저 자각하고 치유해야 합니다. 그러나 더 중요한 것은 다치지 않게 하는 것입니다. 일반 의학에서도 병이 생기기 전에 예방을 하는 것을 최선으로 여깁니다. 마음이 다치지 않길 바란다면 몸마음이 보내는 신호를 무시하지 말아야 합니다.

chapter 13

누구나 빨간 버튼 하나는 품고 산다

나는 언제 화가 날까?

'결혼 후 첫 명절. 시댁에는 시부모님과 미혼인 시누이 둘. 그리고 동서 한 명과 함께 차려야 하는 차례상. 하지만 동서는 오지 않았다.'

아마 여자라면 그 어떤 공포 영화의 문구보다도 위의 말이 오싹할 겁니다. 그런데 일반적으로 오지 않은 동서까지는 구시렁구시렁 욕을 하며 견뎌낼 수 있습니다.

동서가 오지 않는 동안 시어머니는 며느리 속도 모르고 계속해서 입으로만 일을 시키고, 남의 편이라 남편이라는 내 남자는 간만에 남자에서 아들로 변신, 맘껏 뒹구는 중입니다. 세상에 착하고 배려심 있는 시누이란 없는 것인지 하나는 일찌감치 약속을 잡아 나갔고 또 다른 시누이는 말 그대로 갑질을 하고 있습니다. 손 하나도 까딱하지 않으면서 때 되면 주전부리 챙겨 달라 해서 먹고는 따라다니며 이런 저런 참견을 하다 화를 돋우고 사라지는 거죠.

차라리 눈 감고 귀 막고 입 막는 게 속 편하겠다 싶어 얼굴에 만들어다 붙인 듯한 무표정 가면을 쓰고 시간이라도 빨리 가라는 주문을 외우고 또 외우며 일을 합니다. 동서가 오기로 한 시간은 예전에 지났지만 바쁘게 손과 몸을 놀린 덕에 얼추 일은 끝납니다. 그러나 마음속은 후련함보다는 악과 독으로 가득 차 있습니다.

'차례상 물리는 즉시 설거지 따위 하지 않고 친정으로 갈 테다.'

지난 일은 지난 일이고 더 이상의 스트레스 없이 내 쉴 곳인 친정으로 가겠다는 목표만이 마음을 가득 채울 즈음, 미안한 얼굴을 갖다 붙인 동서가 살금살금 들어와 시어머니께 애교를 부립니다. 명절에도 시도 때도 없이 일을 시키는 상사 욕을 적절하게 해가며 시어머니께 슬쩍 내미는 고급 화장품 봉투 하나. 시어머니는 일하다 보면 그럴 수도 있다며 오히려 동서 등을 쓸어줍니다. 그리고 봉투 안을 들여다보고 혼잣말이지만 누구나 들을 수 있는 크기로 말씀하십니다. 사회생활하는 애라 센스가 남다르다고. 어떻게 아이크림 떨어진 걸 딱 알고 사왔다고. 가만히 있으면 밉지나 않을 시누이는 반쯤 누워 방울토마토 하나 입에 넣으며 거듭니다. "센스는 타고 나는 거야 엄마!"라고 말이죠.

손을 씻고 부엌으로 온 동서가 미안하다며 팔을 걷어붙이자 저 멀리에서 시어머니가 말합니다.

"얘! 넌 할 거 없다. 우리가 다했어! 수저나 놔라. 밥 먹게."

어머니 말이 떨어지기가 무섭게 동서는 수저통 하나 가볍게 들고 상으로 가 수저를 놓습니다. 한숨 한 번 내쉬고 뜨겁고 무거운 음식 접시를 나르면 동서는 상 앞에 앉아 날름날름 받아 진열만 합니다. 이미 지겹게 기름내 맡으며 일하느라 입맛도 없고, 머릿속으로는 식사가 끝나자마자 일어날 궁리만 하고 있습니다.

그런데, 그런데!

숟가락 놓기도 전에 동서가 전화기를 들고 슬그머니 사라지더니 온통 울상인 얼굴로 다시 돌아옵니다.

"어머니. 저 진짜 미치겠어요. 회사에 결국 사고가 터졌나 봐요. 지금 가봐야 할 거 같은데 어쩌죠? 대신 어머니 저랑 주말에 쇼핑해요. 제가 근사한 블라우스 하나 봐둔 거 있는데 입어보셔야죠!"

쿠궁. 머리 위로 번개가 떨어집니다. 저 얼굴! 저건 분명 회사에 일이 있는 게 아닙니다. 눈치가 100단인 서방님은 벌떡 일어나 주섬주섬 채비를 합니다. 그러면서 "야, 너 그렇게 힘들어서 어쩌냐. 내가 더 벌어야 네가 그만 두고 편히 살 텐데……"라며 동서 말에 힘을 더해줍니다.

그리고 내 남편이라는 남자는 마누라 머리에 번개가 떨어져

반으로 쪼개지고 심장이 산산조각 나는지 마는지 모른 채 '밥 다 먹어가는 데 왜 커피 안 줘? 과일은?'이라는 얼굴로 슬그머니 상을 물리고 소파에 비스듬히 기대앉았습니다.

결국, 시댁을 나온 건 저녁 여덟 시. 친정 가기도 애매한 시간이고 남편은 차에 시동을 걸며 '그냥 내일 잠깐 들러 밥이나 먹고 오면 안 되냐'는 말을 내뱉고야 맙니다. 그것도 아주 무심한 말투로.

퍼엉.

결국 하루 종일 쌓여 있던 화가 폭발하고, 대체 밥 잘 먹고 나와서 왜 이렇게 화를 내는 건지 모르는 옆 자리 남자는 어리바리하게 당하다가 결국 성질을 내고 맙니다. 차 안에서의 1차전은 집에 와서도 이어지고 결국은 다음 날 친정에 다정한 모습으로 가기에 애매한 상황이 되고 맙니다. 일단 쏟아내서 후련하긴 하지만 무언가 목구멍을 간질이는 느낌이 듭니다. 침대에 눕긴 했지만 이리 뒤척 저리 뒤척거리다 벌떡 일어나 이런 생각을 하게 됩니다.

'어디서부터 잘못된 거지?'

자, 한번 생각해 봅시다. 분명한 것은 그 상황이 싫다는 것입니다. 하지만 어떤 반응을 하고 어떻게 행동해야 하는지를 모르는 경우인 거죠. 자신의 욕구를 명확하게 알지 못하기 때문에 어떤 반응을 해야 할지를 모르고 결국 집으로 돌아오는 길에 남편과 싸우는 걸로 매듭을 지으려고 한다는 겁니다. 그리고 그 후로 시댁과 관련되어 있는 것이라면 며느리인 자신이 해결하지 못하고 남편을 들들 볶기 시작합니다. 과연 이 상황이 시댁의 잘못일까요? 아니면 남편의 잘못일까요? 그것도 아니면 나의 잘못일까요? 정확하게 말하자면 그 누구의 잘못도 아닙니다. 다만 그 상황에서 가장 억울하고 분한 것이 며느리일 뿐인 거죠.

여자에게 선택의 자유란?

비슷한 경우는 종종 발생합니다. 집에서도 그렇죠. 맞벌이 부부의 경우 처음에는 다정하게 두 손 맞잡고 약속합니다. "우리 집안일은 반반씩 하자"라고 말입니다. 그런데 점점 남편이 소홀해지는 게 보입니다. 먼저 집에 왔으면 청소도 좀 하고 빨래도 좀 개면 좋으련만 소파에 누워 TV만 들여다보고 있는 거죠.

게다가 남자들의 DNA 안에는 집안 어지럽히기가 내장이라도 되어 있는 것인지 주변이 영 지저분해져 있어, 어쩔 수 없이 퇴근하자마자 주섬주섬 치우게 됩니다. 과자 부스러기에 돌돌 말아 던져 둔 양말, 내동댕이쳐진 겉옷. 처음 한두 번은 말없이 치워주다 점점 잔소리가 늘고 잔소리가 길어지면 결국 싸우게 됩니다. 구체적인 해결 방안이 나오기 전에는 누구 하나 포기하거나 아니면 계속 싸우는 것 밖에는 답이 없습니다.

이런 상황은 결혼생활이 아니라 직장생활에서도 벌어집니다. 위기감을 이겨내고 달려온 서른 중반의 여자들은 삶 자체가 치열

합니다. 돈과 지위, 경력과 능력은 그냥 얻어지는 게 아니니까 말입니다. 잠을 쪼개고 사생활 따위 없이 달려온 그녀들은 골드미스라는 타이틀은 달았지만 어쩐지 다가가기 무서울 정도로 까칠합니다. 이 까칠함은 자신이 지나온 치열한 시간의 기억과 반대되는 상황에서 폭발하곤 하는데 대부분 그 대상은 후배들이 됩니다.

"아니, 일을 하랬더니 놀고 앉았어?"

"왜 돌파구 찾을 생각은 안 하고 변명부터 하는 거야?"

"대가리 굴리고 펜대 굴릴 시간에 엉덩이 떼고 뛰면서 일하지 못해?"

인생 선배의 피 같은 충고를 고마워할 거라 생각하고 후배들을 혼내지만 결국 들려오는 건 지독한 노처녀 히스테리라는 뒷담화뿐입니다.

이처럼 상황은 다양하지만 분명한 사실은 딱 하나 있습니다. 바로 당신의 감정과 행동이 같은 속도로 가고 있다는 거죠.

사람은 화가 나면 '터널 시야 현상Tunnel Vision Effect'을 경험하게 됩니다. 화가 나는 일을 경험하면 생리적인 반응이 빠르게 나타나기 때문에 주의력과 정보 처리 능력이 떨어져서 객관적으로 상황을 판단하지 못하게 되거나 실수를 하게 되는 겁니다.

본래 터널 시야 현상은 터널 안에서 운전을 할 때 안쪽은 어두워서 보이지 않지만 터널의 출구만 하얗게 보이는 현상을 말하는데, 이때 운전하는 사람은 상황 판단 능력이 떨어지고 눈앞의 하안 입구에만 집중하느라 가까운 주변 상황을 보지 못하게 됩니다. 그래서 사고의 위험이 커지는 것이지요.

때문에 화가 나는 상황에서 터널 시야 현상에 빠졌을 때 자신의 생리적인 반응을 파악하는 것이 중요합니다. 자신이 화가 났다는 사실을 생리적인 반응으로 먼저 인식할 수 있어야 잘못된 상황 판단으로 혹시라도 실수를 하기 전에 그 실수를 멈출 수 있게 됩니다.

사람은 스스로 선택할 수 없을 때 가장 큰 스트레스를 받습니다. 직장에서도 가장 말단 직원, 선택 없이 시키는 일만 해야 하는 사람들의 스트레스가 크고 마찬가지로 부모와 선생님, 상황 속에서 선택 없이 공부를 해야 하는 청소년들의 스트레스가 큽니다.

선택 분야 최고의 전문가 쉬나 아이엔가Sheena Iyengar가 저술한 《쉬나의 선택실험실The Art of Choosing》에는 런던대학교 마이클 마멋Michael Marmot 교수의 화이트홀Whitehall 연구가 소개되었습니다. 이 연구는 선택의 자유에 대한 부분을 잘 증명해 주고 있습니다. 그는 1967년부터 20~64세의 영국 공무원들을 대상으로 '자신에게 주어진 선택권을 인간이 어떻게 지각하는지가 행복한 삶에 미치는 영향'에 관한 연구를 진행했습니다. 그는 연구를 위해 직급별로 건강과 급여, 그리고 운동 등과 관련된 데이터를 모았습니다. 그 결과 직급이 높은 사람보다는 직급이 낮은 사람이 심장병으로 사망할 가능성이 두세 배 더 높은 것으로 나타났습니다.

이런 결과가 나타난 이유는 통제권이 자신에게 있는지, 타인에게 있는지의 차이였습니다. 즉, 업무를 추진할 때 많은 권한을 갖고 있는 높은 직급의 사람들은 자신이 통제권을 갖고 있기 때문에 스트레스를 덜 받지만, 업무에 대한 권한이 없는 낮은 직급의 사람들은 스트레스를 많이 받는다는 것입니다.

제2차 세계대전 때 유태인들을 학살한 아우슈비츠 수용소에 수감되었다가 살아서 돌아온 유대인 심리학자이자 의사인 빅터 프랭클Viktor Frankl은 인간이 갖고 있는 선택의 자유를 이렇게 표현했습니다.

"자극과 반응 사이에는 공간이 있다. 그 공간에는 자신의 반응을 선택할 수 있는 자유와 힘이 있다. 그리고 우리의 반응에 우리의 성장과 행복이 좌우된다."

스트레스가 심한 사람들과 대화를 하다 보면 자신이 처해 있는 상황을 개선하기 힘들다고 생각하는 사람들이 많습니다. 그래서 혹 개선책이 있냐는 질문을 하면 의외로 대부분이 답을 알고 있습니다. 문제는 알고 있으면서도 해결하겠다는 선택을 하지 않는다는 것입니다.

《너의 내면을 검색하라Search inside yourself》를 집필한 구글의 엔지니어 차드 멍 탄Chade-Meng Tan은 이 선택의 권한을 '반응 유연성Response Flexibility'이라는 말로 설명합니다. 반응 유연성은 행동하기 전에 멈출 수 있는 능력을 말하는데, 강력한 감정적인 자극을 받았을 때 무의식적인 반응을 하는 대신 잠깐 멈출 수 있는 능력으로 정의할 수 있습니다.

스트레스를 받는 상황에서 잠깐 멈춰서 상황을 객관적으로 바라볼 수 있게 만드는 것을 말하는데, '잠시 멈춤'을 할 수 있다면 그 다음 상황에서 습관적으로 나왔던 행동을 멈출 수 있다는 것이지요.

당신이 가지고 있는 빨간 버튼

자, 그렇다면 잠시 멈추려면 어떻게 해야 할까요. 사실 그렇게 어려운 방법은 아닙니다. 문제는 멈추고자 하는 당신의 의지입니다. 사실 우리 마음속에는 누구나 가지고 있는 빨간 버튼이 하나씩 있습니다. 'STOP'이라고 쓰인 커다란 빨간 버튼입니다. 이 버튼을 작동시키기 위해 큰 재주가 필요한 건 아닙니다. 그저, 선택하면 됩니다. 빠르게 말이죠.

냉수 먹고 속 차례!

우리 조상들의 지혜는 빨간 버튼에서도 발현됩니다. 뭔가 STOP 사인이 필요한 순간 당신이 해야 할 첫 번째는 냉수 한 컵을 마시는 겁니다. 화가 난 사람들의 신체 반응은 거의 대부분 비슷합니다. 손이 떨리고 열이 오르고 뒷골이 당기는 거죠. 화가 나면 분비되는 호르몬 중에 아드레날린이라는 게 있는데 이게 분노하고 싸우는 힘의 원천이 되어줍니다. 동시에 스트레스의 근원이 되기도 하죠. 그래서 화가 나는 순간 우리 몸은 싸우거나 도망갈 준비를 하며 '열'을 내게 됩니다. 이때 투입되는 냉수 한 컵이 일종의 냉각수 역할을 해서 흥분을 가라앉히는 데 도움을 줍니다.

숨 쉬어! 숨!

기가 막히는 상황에서 사람들은 가슴을 칩니다. 숨이 턱 막히는 걸 본능적으로 풀어주는 거죠. 화가 나거나 흥분하거나 불안할 때 사람들은 숨이 가빠집니다. 교감신경계가 활성화되면서 순간적으로 뇌에 피가 쏠리기 때문입니다. 이때 크게 숨을 들이쉬고 내쉬는 복식호흡은 신선한 공기를 폐 안으로 넣어줌으로써 잔뜩 흥분해 있는 교감신경계를 잠시 달래주는 역할을 합니다. 동시에 부교감신경계를 활성화시켜 뇌에서 편안한 상태에서만 나오는 알파파를 나오게 하는 거죠. 이처럼 화가 나면 숨을 크게 쉬어 몸을 이완해 주는 것도 반응유연성을 높이는 좋은 빨간 버튼이 되어 줍니다.

일단 일어나 자리를 떠라

스트레스가 많이 쌓인 사람들의 머릿속에 어느 날 문득 떠오르는 생각 중의 하나가 '여행'입니다. 떠나는 거죠. 이 역시 본능적인 것이라고 할 수 있습니다.

일반적으로 화를 자주 내는 사람들의 특징은 앞뒤 재지 않고 상대방에게 거친 말을 쏟아낸다는 것입니다. 이때 필수적으로 동반되는 것이 치명적 실수와 두고두고 가슴 칠 후회입니다.

자, 일단 화가 나면 그 자리를 뜨세요. 마치 여행을 결심하듯 상대방에게 잠시 자리를 비우겠다고 양해를 구하고 일단 그 자리를 벗어나세요. 회피가 아닌 원인 분석과 대책 마련을 위한 숨 고르기 시간입니다. 그리고 냉수를 마시거나 심호흡을 하며 마음을 다스리고 다시 응대하도록 하는 것이 반응유연성을 높이는 세 번째 방법입니다.

감정을 관리한다는 것은 자신의 삶을 컨트롤할 수 있다는 것과 같습니다. 그리고 이는 스스로가 감정을 관리할 수 있다고 믿어야 가능합니다. 어쩔 수 없다고 손 놓아버리는 순간 당신과 당신의 감정은 정처 없이 '열 받음의 망망대해'를 떠돌아다니게 됩니다.

아무리 화가 나고 제어할 수 없을 것 같은 생각이 들더라도 자신의 감정은 반드시 자신이 조절할 수 있다는 사실을 잊지 마세요. 스스로를 믿으면 더 나아가 감정을 조절하는 능력으로 자신의 인생도 스스로 원하는 대로 움직일 수 있다는 사실을 알게 됩니다. 그제야 비로소 내 감정의 주인은 내가 되는 것이죠.

chapter 14

참을 인忍 세 개면
숨넘어간다

해결하지 못하면 언젠가는 터진다

맞벌이를 할 때 생기는 골칫거리는 크게 두 가지 정도로 압축할
수 있습니다. 첫 번째는 육아와 가사를 도와주지 않는, 혹은 도와주
더라도 아주 조금밖에 도와주지 않는 남편입니다. 두 번째는 시월
드로 인해서 생기는 온갖 자질구레한 일들입니다.

결혼하기 전까지만 해도 남편은 효자인 적이 없었는데, 결혼과
동시에 효자로 변신합니다. 주말마다 데이트 하자고 조를 때가
엊그제 같은데 결혼과 동시에 끈끈한 가족애를 과시하면서 주말
마다 본가에서 식사를 하자고 합니다. 그런데 진짜 열 받는 것은
자기 부모에게는 이렇게 지극하면서 우리 부모는 건너뛴다는 것
입니다. 집안일은 또 어떻습니까? 남편이 집에서 하는 일이라고

는 분리수거를 해놓은 쓰레기를 집 밖으로 갖다 놓는 것밖에 없으면서 자신이 집안일의 50퍼센트 이상을 한다고 큰소리칩니다.

확 갈라서고 싶지만 가정의 평화를 위해 그냥 참습니다. 그러나 참는다고 불같이 일어난 화가 꺼지는 것은 아닙니다. 아내는 활활 타오르는 분노에 복수의 칼날을 담금질합니다. 언젠가 한 번쯤은 휘두를 날이 있으리라 다짐하면서 말입니다.

이렇게 자신에게 일어난 불합리한 상황을 어쩔 수 없다며 넘어가 버리거나 속으로 복수의 칼날을 가는 것은 옐로카드 상황입니다. 그냥 넘어간다고 해서 화난 감정이 사라져 버리는 것은 아닙니다. 차곡차곡 쌓여 있다 언젠가 대폭발을 일으킵니다. 그때가 되면 정말로 돌이킬 수 없는 상황이 돼버립니다.

담아두는 유형에는 두 종류가 있습니다. 하나는 마음속에 끊임없이 담아두기만 하는 사람과 또 하나는 일단 담아놓기는 하는데 상대방에게 언젠가는 복수를 하는 사람입니다. 둘 다 바람직한 것은 아닙니다.

감정 손잡이를 찾아라

우리나라는 유교사상 때문인지 몰라도 자녀들이 부모 앞에서 화를 내거나 짜증을 내면 심하게 혼이 납니다. 어느 신문 유머란에 있는 글입니다.

어쩌라는 말인지[혼날 때 듣는 말]

눈을 바라보면 : 뭘 잘했다고 똑바로 봐!

고개를 떨구면 : 엄마 제대로 안 봐?

대답 안 하면 : 왜 대답을 안 해?

대답하면 : 뭘 잘했다고 말대꾸야!

울면 : 뭘 잘했다고 울어!

웃으면 : 본격적으로 맞기 시작한다.

우스갯소리이지만 전혀 우습지 않게 들립니다. 이렇게 어릴 때부터 자신의 감정을 억압하는 것이 옳다고 배워왔기 때문에 우리는 감정을 표현해야 하는 상황에서도 무의식적으로 절제를 합니다.

감정을 드러내지 않는 것을 문에 비유하자면 손잡이가 없는 문과 같습니다. 방 안에 있는 사람이 문을 열고 나가고 싶어도 손잡이가 없어서 나가지 못합니다. 안에서는 감정이 죽 끓듯 끓고 있는데 감정이 밖으로 나오지 못하도록 무의식이 억압을 하는 것입니다.

감정과 성숙에 관련한 연구를 한 연구진들은 인간이 경험할 수 있는 감정의 종류가 많을수록, 감정의 폭이 넓을수록 신체적인 건강뿐만 아니라 정신적인 건강도 좋다고 밝혔습니다. 자신이 느끼는 다양한 감정을 인식하고, 인식한 만큼 표현하면서 상황에 맞게 감정을 조절할 수 있는 사람이 건강하면서 성숙한 사람입니다. 그리고 정신과 신체가 건강해야 자신이 원하는 삶을 선택하고 목표를 달성해서 행복한 삶을 살 수 있습니다.

핵심을 알면 조절이 가능해진다

앞서 감정을 인식하는 것이 중요하다고 수없이 강조했습니다. 그런데 무엇보다도 중요한 것은 자신의 감정과 행동에 영향을 미치는 핵심 감정과 핵심 가치가 무엇인지를 찾는 것입니다. 핵심을 찾아야 근본적인 변화가 이루어지기 때문입니다.

외환딜러로 일하는 어떤 남성은 자신도 모르게 손익을 따지는 습관이 있다고 합니다. 딜러 일을 하다 보면 아주 작은 금액의 차이에도 매우 큰 손실과 이익이 발생하기 때문에 작은 것에도 손익을 따지는 습관이 생기게 된 것입니다. 그러다 보니 자신에게 도움이 되는 친구와 도움이 되지 않는 친구를 구분해서 만난다거나, 직장에서 업무를 할 때 자신의 커리어에 도움이 될지 도움이 되지 않을지를 판단해서 일하고, 심지어는 가족과의 대화에서도 이 말을 하면 내가 조금 불편해지지 않을까 하는 등 손익을 따질 때가 많다고 합니다.

옷 수선집을 운영하는 아주머니는 친구를 만나는 자리에서도 앞에 앉아있는 사람들의 옷을 자기도 모르게 관찰하면서 어떻게 수선을 하는 게 좋을지를 생각한다고 합니다. 유치원 교사와 결혼하는 남자는 유치원생이 되고, 초등학교 교사와 결혼하는 남자는 초등학생이 된다는 우스갯소리도 있습니다.

저 또한 일 중심적이라는 말을 많이 듣곤 합니다. 거의 모든 생활 패턴이 일과 관련된 것을 보면 그런 것 같기도 합니다. 대다수 직장인이 그렇겠지만 일과 관련이 없는 가족 모임이나 남편과의 데이트 시간보다 일을 하는 시간이 훨씬 많습니다. 집은 잠만 자고 나오기 때문에 여관이나 하숙집 같다는 느낌이 듭니다. 그런데 아무 생각 없이 일중독에 빠져 사는 것은 아닙니다. 감정에 대한 공부를 하면서 관찰해 온 자신만이 알고 있는 신념과 가치에 따라 일을 열심히 할 뿐입니다.

예전에 어떤 회사와 교육과정을 개발하는 프로젝트를 같이 한 적이 있었습니다. 프로젝트의 기간은 3개월이었는데 저는 글을 쓰는 일을 맡았습니다. A4용지 1,000매 분량을 써야 하는 일이었는데 주변에 글을 쓰는 사람들은 모두 불가능한 일이라고 했습니다.

그러나 저는 3개월 동안 거의 잠을 자지 않으며 원고를 완성했습니다. 원고를 쓰는 동안 다른 일을 하지 못해 회사의 경영이 어려워지기도 했습니다. 그러나 불가능할 줄 알았던 일을 해냈기에 만족스러운 마음으로 프로젝트를 마칠 수 있었습니다.

그런데 문제는 다른 데 있었습니다. 프로젝트를 함께 진행한 거래처가 계약 사항을 마음대로 변경했고, 작업한 결과물을 무시하는 등 제대로 인정해 주지 않았습니다. 정말로 화가 났습니다. 물론 돈을 벌지 못해서 화가 난 것은 아닙니다. 제가 중요하게 여기는 인정받고 싶은 욕구와 성취 욕구가 훼손당해서 화가 난 것입니다. 만약 이를 인지하지 못했다면, 그 거래처와의 관계는 여전히 풀리지 않았을 것입니다. 그러나 저는 자신의 핵심 가치에 대해 잘 알았기에 감정을 인식하고 조절할 수 있었고, 거래처와의 관계도 계속해서 유지해 나갈 수 있었습니다.

내 삶의 필터, 가치를 찾아라

미국의 심리학자 윌리엄 글래서William Glasser는 외부의 상황을 사람이 인식하는 데에는 두 가지의 필터가 있다고 주장했습니다. 첫 번째 필터는 '지식 필터'로 '보이는 만큼 아는 것'이 아니라 '아는 만큼 보인다'는 것입니다. 이에 비추어 보면, 분노를 조절하는 방법에 대해서 알고 있는 것도 중요하지만, 인간의 감정 시스템과 부정적 감정이 인간에게 주는 이득을 이해하고 활용하는 방법을 찾는 것을 알고 있어야 더 효과적으로 감정을 조절할 수 있습니다.

두 번째 필터는 '가치 필터'입니다. 서양 동화 가운데 〈핑크대왕 퍼시〉라는 이야기가 있습니다. 퍼시는 광적으로 핑크색을 좋아했습니다. 옷, 물건, 심지어 음식까지 모두 핑크색이었습니다.

그러나 그것으로 만족할 수 없었습니다. 그래서 백성들의 모든 소유물도 핑크색이어야 한다는 법을 제정했습니다. 그러고는 나무, 풀, 꽃, 동물까지 핑크색으로 염색하라고 명령했습니다. 그런데 단 한 가지 핑크색으로 바꾸지 못한 것이 있었습니다. 바로 하늘이었습니다. 왕의 권력으로도 하늘을 핑크색으로 바꾸는 것은 불가능한 일이었습니다. 그래서 고민 끝에 스승을 찾아가자, 스승은 퍼시에게 핑크색 안경을 주었습니다. 이로써 퍼시는 세상의 모든 것을 핑크색으로 바꿀 수 있었습니다.

이처럼 우리가 쓰고 있는 안경을 '자신의 가치'라고 생각할 수 있습니다. 개개인이 쓰고 있는 안경은 자신만의 시각과 관점에서 세상을 바라봅니다. 그런데 누군가 자신의 안경에 흠집을 냈다고 생각해 봅시다. 자신의 가치가 훼손당했으니 당연히 화가 날 수밖에 없습니다.

핑크대왕은 핑크가 가장 중요한 가치 기준이라고 생각하지만 다른 사람들은 그렇게 생각하지 않습니다. 이처럼 사람들은 다른 사람들의 가치 기준은 크게 신경 쓰지 않습니다. 그래서 알게 모르게 다른 사람의 가치 기준에 흠집을 내게 되고 자신의 가치 기준에 흠집이 난 사람들은 화를 내게 되는 것입니다. 따라서 자신이 화가 나는 상황을 잘 분석해 보면 자신의 가치관이 무엇인지 알아낼 수 있습니다. 가치를 알면 분노의 원인도 파악할 수 있습니다. 이것이 바로 감정을 조절하는 출발점입니다.

사람들은 흔히 '누구 때문에, 어떤 상황 때문에 화가 난다'고 말합니다. 그런데 사람들이 화가 나는 이유가 이렇게 외부적인 요인에 의한 것이라면 도대체 자신이 할 수 있는 일은 무엇일까요? 화가 나면 화가 나는 대로 내버려 둬야 할까요? 그것은 아닐 겁니다. 사람이 혹은 상황이 바뀔 때마다 자신의 분노 포인트가 바뀐다는 것은 말이 되지 않습니다. 우리가 분노하는 것은 외부 상황 때문이 아니라 내부의 가치가 상처를 입었기 때문입니다.

1993년도에 개봉된 영화 〈인디아나 존스〉에서는 성배를 찾는 이야기가 나옵니다. 영화 후반부에 아버지와 아들은 성배가 있는 방을 찾게 됩니다. 방 안에는 수없이 많은 성배들이 있지만 진짜 성배는 단 한 개밖에 없습니다. 진짜 성배에 물을 담아 마시면 영생을 얻지만, 가짜 성배에 물을 담아서 마시면 그 물이 독으로 변해서 죽게 됩니다. 우여곡절 끝에 성배가 가득 찬 방에 들어온 아버지는 총에 맞아서 피를 흘리고 있는 상황이고, 아들은 진짜 성배를 찾아 아버지를 살려내야만 합니다.

우리에게 가치는 성배와 같습니다. 진짜 성배를 찾게 되면 그곳에서 시작된 감정을 이해할 수 있고, 나아가 자신의 사고방식과 행동을 이해할 수 있게 됩니다. 이렇게 자신을 이해하고 나면 자신이 이루고자 하는 목표를 향해 보다 손쉽게 나아갈 수 있습니다.

그러면 자신이 어떤 가치관을 지니고 있는지 다음의 표를 활용해서 찾아보도록 합시다.

감사	고맙게 여기는 마음.	☐
결단	의사결정 시 결정적인 판단을 하거나 단정을 내림.	☐
결속	조직 내에서 마음이나 역량을 뭉치게 함.	☐
겸손	남을 존중하고 자기를 내세우지 않는 태도.	☐
계획	앞으로 할 일의 절차, 방법, 규모 따위를 미리 헤아려 작정함.	☐
공정성	어느 한쪽의 의견으로 치우치지 않고 공평함.	☐
공헌	조직을 위해 힘을 써 이바지함.	☐
관용	남의 잘못을 너그럽게 받아들이거나 용서함.	☐
균형	어느 한쪽으로 기울거나 치우치지 아니하고 고른 상태.	☐
근면	나의 업무에 있어 부지런히 일하며 힘씀.	☐
긍정	마음의 밝은 면을 규명해서 생각함.	☐
끈기	쉽게 단념하지 않고 끈질기게 견디어 나감.	☐
나눔	즐거움이나 고통, 고생 따위를 함께함.	☐
다양성	사람마다 다르게 생각하는 가치를 존중해 주는 태도.	☐
단결	많은 사람이 마음과 힘을 한데 뭉침.	☐
도전	기록을 경신하거나 어려운 일을 행하는 것.	☐
독립	다른 것에 예속되거나 의존하지 않는 상태.	☐
믿음	어떤 사실이나 사람을 믿는 마음.	☐
배려	도와주거나 보살펴 주려고 마음을 씀.	☐
변화	새로운 것이나 달라짐에 대해 유연하게 대응함.	☐

사랑	다른 사람을 아끼고 귀중히 여기는 마음.	☐
사려	여러 가지 일에 대하여 깊게 생각함.	☐
성공	목적하는 바를 이룸.	☐
성실	내가 맡은 일에 선한 마음으로 힘씀.	☐
성취	목적한 바를 이룸.	☐
세심함	작은 일에도 꼼꼼하게 주의를 기울여 빈틈이 없음.	☐
소속감	자신이 어떤 집단에 소속되어 있다는 느낌.	☐
순발력	순간적으로 판단하여 말하거나 행동하는 능력.	☐
시민정신	자유롭고 평등한 인간으로서 자신의 생활을 향상시키려는 입장에서 발언하는 태도.	☐
신뢰	굳게 믿고 의지함.	☐
신중	잘못이나 실수가 없도록 말이나 행동에 정성을 다함.	☐
안전	위해를 받는 일이 없도록 대책을 세우려 함.	☐
열정	어떤 일에 열렬한 애정을 가지고 열중하는 마음.	☐
올바름	말이나 생각, 행동 따위가 이치나 규범에서 벗어남이 없이 옳고 바름.	☐
완벽	결함이 없이 완전함.	☐
용기	어떤 현상 앞에 씩씩하고 두려워하지 않음.	☐
용서	지은 죄나 잘못한 일에 대하여 꾸짖거나 벌하지 아니하고 덮어 줌.	☐
유연성	고정적인 사고의 틀에서 벗어나 다양한 각도에서	

	문제의 해결책을 찾음.	☐
의지	어떠한 일을 이루고자 하는 마음.	☐
자발성	남이 시키거나 요청하지 않았는데도 자기 스스로 나아가 행함.	☐
자신감	스스로 어떤 일을 해낼 수 있다거나 꼭 그렇게 되리라 믿는 마음.	☐
절제력	정도에 넘지 않도록 알맞게 조절하여 제한함.	☐
정의	진리에 맞는 올바른 도리.	☐
조직화	일정한 질서를 갖고 유기적인 활동을 하게끔 통일이 이루어짐.	☐
지혜	문제의 이치를 빨리 깨닫고 정확하게 처리하는 정신적 능력.	☐
진실	거짓이 없는 사실.	☐
질서	혼란 없이 순조롭게 이루어지게 하는 규칙적인 관계.	☐
창의성	새롭게 생각해 낸 창조적인 의견이나 방안.	☐
책임	맡아서 해야 할 임무나 의무.	☐
체계화	조직원이 상호 연관 관계를 갖고 공통목적에 공헌하는 구조.	☐
최고	으뜸인 것.	☐
최선	어떤 목적을 이루고자 할 때 다양하게 살펴 본 방안들 중 가장 효율적인 선택.	☐
충성	진정에서 우러나오는 정성을 바침.	☐
탁월성	남보다 두드러지게 뛰어남.	☐
통찰력	새로운 사태에 직면하여 의미를 재조직화함으로써 문제를 해결함.	☐
행복	생활에서 충분한 만족과 기쁨을 느껴 흐뭇함.	☐

헌신	몸과 마음을 바쳐 있는 힘을 다함.	☐
협력	힘을 합하여 서로 도움.	☐
호기심	새롭고 신기한 것을 좋아하거나 모르는 것을 알고 싶어 하는 마음.	☐
희망	앞일에 대하여 어떤 기대를 가지고 바람.	☐

해석에 따라 달라질 수 있다

의미치료라는 상담기법을 주창한 빅터 프랭클 박사는 '어떤 고통에 대한 생각의 의미를 바꾸어 버리면 더 이상 그것은 고통이 아닐 수도 있다'고 말했습니다.

하루는 우울증으로 고생하는 나이 지긋한 의사가 심리치료를 받기 위해 프랭클 박사를 찾아왔습니다. 이 의사는 아내와 금슬이 좋았습니다. 그런데 아내의 사망으로 인해 그 상실감을 극복하지 못하고 고통스럽게 살아가고 있다고 했습니다.

프랭클 박사는 그에게 이런 저런 조언을 해주기보다는 질문을 던졌습니다.

"만약 선생님께서 사모님보다 먼저 돌아가셨다면 어땠을까요? 그래서 부인께서 선생보다 오래 살아야만 했다면 부인은 어떤 경험을 하게 됐을 것이라고 생각하십니까?"

그러자 의사는 이렇게 대답했습니다.

"아! 그건 정말 있어서는 안 될 일입니다. 우리 아내는 정말 나

없으면 못 사는 사람인데 내가 지금 겪는 고통을 아내가 겪는다면…… 그건 정말 상상도 할 수 없는…… 음, 그러니까 우리 아내는 저보다 마음이 더 약한 사람이니 큰일 나겠지요."

그러자 프랭클 박사는 이렇게 말했습니다.

"보십시오, 선생님. 지금 선생님이 오랫동안 겪어왔던 고통을 부인께서는 모면한 것입니다. 당신은 지금 부인이 고통을 당하지 않게 하기 위한 대가를 지불하고 계신 것입니다."

의사는 아무 말 없이 프랭클 박사와 악수를 나누고는 진료실을 나갔습니다. 그리고 더 이상 그를 찾아오지 않았습니다. 프랭클 박사는 생각을 바꿀 수 있는 해석을 통해서 의사의 심리적 안정감을 되찾아 준 것이었습니다. 이처럼 우리를 분노하게 하는 행동은 그 사건을 어떻게 해석하고, 어떤 신념을 집어넣느냐에 따라서 행동과 정서가 달라질 수 있습니다.

앞서 살펴보았듯이, 감정을 조절하기 위한 첫걸음은 감정이 생기는 원인인 핵심 신념과 가치를 찾는 것입니다. 그리고 화가 나는 상황에서 나의 핵심 신념과 가치를 어떻게 건드리게 됐는지를 관찰하면 됩니다. 관찰하면 이해할 수 있고 이해할 수 있으면 분노는 사라지게 됩니다.

chapter 15

알아듣게
말하기

일을 이것밖에 못해요?

아래의 질문은 우리가 일상생활에서 겪는 일들을 어떻게 대응하고 있는가에 대한 질문입니다. 한번 체크해 보세요.

① 죄송합니다.

② 죄송합니다.(속으로는 화가 나 있고, 기회가 되면 복수하겠다는 다짐을 한다)

③ 제가 왜요? 뭘 잘못했는데요?(언성을 높이면서 싸울 태세를 갖춘다)

①번의 "죄송합니다"는 진짜 죄송해서가 아니라 화가 나지만 상대방에게 화가 났다는 사실을 표현할 수 없어서 어쩔 수 없이 수긍하는 경우입니다. 화를 내지 못하는 자신에게 화가 나는 상

황이죠.

②번의 "죄송합니다"는 반드시 복수하겠다는 것을 포함합니다. 그렇다고 무시무시한 복수는 아니고 주로 소심한 복수입니다. 예를 들어, 불러도 대답을 하지 않는다거나 당신이 잘못하기만 해봐라 하는 식의 복수 말입니다.

③번은 말을 듣자마자 발끈해서 하고 싶은 말을 다 하는 경우입니다. 속은 시원하지만 인간관계는 망가지고 맙니다.

세 가지 답변 중 어떤 것도 건강한 감정표현의 방법은 아닙니다. 화가 났을 때는 먼저 자신이 왜 화가 났는지 스스로 돌아보고 어떤 결과를 원하는지 결정해야 합니다. 그래서 자신이 잘못했다면 그 사실을 인정하고 행동을 고쳐야 하고, 내가 잘못한 것이 아니라면 상대방의 행동을 바꿀 수 있도록 설득하고 더불어 자신을 무시하거나 비난하지 못하게 만들어야 합니다. 그 누구의 잘못도 아니라면 그 자체를 받아들이고 수용하는 과정도 필요합니다.

그러나 속으로 삼키면 화병이 생기고, 복수를 하면 상대방과 사이가 틀어지게 됩니다. 우리에게 그 무엇 하나 이득이 없는 대응 방법은 감정을 표현하는 적절한 방법이 아니라는 걸 기억해야 합니다.

욱하지 말고 정확하게 표현하라

어떤 직장이든 조그만 일에도 불같이 화를 내는 상사들이 한두 명쯤은 있습니다. 본인이야 화를 내며 스트레스를 풀어서 좋겠지만, 부하직원들은 스트레스가 꽉꽉 쌓입니다. 이런 일이 반복되면 상하 관계가 껄끄러워지게 되고 일도 원활하게 돌아가지 않게 됩니다.

관리자가 자신의 감정을 관리한다는 것은 단순히 개인의 스트레스 해소나 행복의 차원을 넘어서 팀원들이 일하기 좋은 환경을 만들어주는 의미이기도 합니다. 팀장이 하루 종일 불쾌해 있으면 부하직원들도 덩달아서 팀장의 눈치를 보느라 시간과 감정을 쓸데없이 소모하게 됩니다.

같은 일이 가정에서도 비슷하게 나타납니다. 부모가 회사에서 안 좋은 일이 있는 날이면 아이들의 사소한 장난에도 불같이 화를 냅니다. 이런 일이 반복되면 아이는 부모의 기분을 살피게 되고 부모가 기분이 안 좋을 때면 방에서 나오지 않게 됩니다. 이렇게 되면 부모와의 대화는 줄어들고 결국은 관계가 단절되고 맙니다.

본인이 팀장으로서 훌륭한 성과를 내고 싶다면 팀원들이 모두 복종하고 말 잘 듣는 환경을 만들 것이 아니라, 구성원들이 심리적으로도 편안한 환경을 만들어 주어야 합니다. 가정의 경우 아이가 훌륭하게 성장하길 바란다면 정이 넘치는 가정환경을 만들어 주어야 하는 것처럼 말이죠.

직장이라는 공간은 업무에 대한 피드백을 서로 주고받으며 성과를 내는 공간입니다. 따라서 구성원 하나하나가 소중하지 않은 사람이 없습니다. 그러므로 일을 할 때는 서로 존중받지 못하는 상황이 생기면 당당하게 요구해야 합니다. 그냥 참아버리거나 버럭 화를 내서는 해결되는 것이 아무것도 없습니다.

우리가 원하는 것이 무엇인지 명확하게 표현하게 되면 좋은 관계를 유지하면서 불필요한 분노를 줄일 수 있게 됩니다. 그렇지만 정확하게 표현을 한다고 해서 다른 사람의 분노를 유발하거나 불편하게 만들면 안 됩니다.

자신이 감정 조절을 잘한다고 자부하는 사람들도 가만히 관찰해 보면 그렇지 않은 경우가 많습니다. 자기는 감정 조절을 잘하면서 차분히 대화를 하고 있는데 상대방의 얼굴은 점점 달아오른 경우가 바로 그런 경우입니다. 문제를 해결하기 위해서는 서로의 타협점을 찾아야 하는데 감정 조절을 한다며 자신의 감정에만 충실한 경우 이런 문제가 발생하는 것입니다.

감정을 조절한다는 것은 결국 상대의 마음도 헤아리고, 갈등을 조정해서 해결책을 찾는다는 것입니다. 그러기 위해서는 욱하지 말고 문제를 해결할 수 있도록 상대방과 대화를 해야 합니다. 자신의 마음이 무엇을 원하는지를 천천히 관찰하면서 문제를 해결해 나가다 보면 욱하는 것은 전혀 이득이 되지 않는다는 것을 알게 될 것입니다.

남자들은 절대 못 푸는 문제

온라인 커뮤니티 게시판에서 '남자는 절대 못 푸는 문제'라는 제목의 게시물이 인기를 끈 적이 있습니다. 내용은 다음과 같습니다.

남자는 절대 못 푸는 문제 1

한 커플이 토요일에 데이트를 하고 있었다. 그런데 남자가 갑자기 친척 중에 누가 아파서 병문안을 가야 하기 때문에 오늘 일찍 집에 들어가야 한다고 말했다. 그러자 여자는 "그럼 피곤할 테니 내일은 늦게까지 푹 자고 만나야겠다"고 말했고, 남자는 알았다고 한 뒤 병문안을 하고 집에 돌아왔다. 다음 날 남자는 오후 1시쯤 일어나 스마트폰을 봤다. 여자한테 '아직 자?'라는 메시지가 와 있었다. 남자는 '방금 일어났어'라고 답을 보냈다. 그런데 여자가 화를 냈다. 왜일까?

남자들은 아무리 이 글을 다시 읽어봐도 여자가 화가 난 이유를 알지 못할 것입니다. 그러나 여성들은 비교적 쉽게 답을 말할 것입니다. 여자가 화를 낸 이유는 남자의 사정으로 토요일에 데이트를 잠깐밖에 못하고 헤어졌으니 일요일 아침 일찍부터 연락을 했으면 했는데, 늦잠을 자고 만나자는 말을 있는 그대로 믿고 남자가 오후까지 연락을 하지 않은 채 늦잠을 자버렸기 때문입니다.

남자는 절대 못 푸는 문제 2

새집으로 이사를 했다. 문을 닫으면 페인트 냄새로 머리가 깨질 것 같다. 하지만 문을 열어 놓으면 계속 기침이 난다. 그런데 이때 남자친구가 방으로 들어왔고 여자가 남자친구에게 말했다. "자기야, 문을 닫으면 페인트 냄새로 머리가 깨질 것 같고, 문을 열어 놓으면 매연 때문에 기침이 계속 나는데 어떻게 하지? 문을 여는 게 좋을까? 닫는 게 좋을까?"

이 문제는 어떤 드라마에 나왔던 내용을 옮겨 놓은 것입니다. 이런 질문을 받으면 남성들은 아마도 문을 열거나 닫는 것 중에 하나를 선택할 것입니다. 그러나 정답은 "괜찮아? 병원에 가야 되는 것 아니야?"입니다.

이렇게 남녀의 생각이 다른 것을 '여자의 언어', '남자의 언어'로 표현하며 생물학적인 차이 탓으로 돌리곤 합니다. 그러나 단지 그것 때문만은 아닙니다. 남녀의 의사소통에서 문제가 생기는 것은 어느 한 쪽이 자신이 원하는 것을 명확히 표현하지 않기 때문입니다.

첫 번째 상황에서 남자친구의 개인적인 일정 때문에 데이트를 하지 못하는 것이 서운하면 일요일 아침 일찍부터 데이트를 하자고 말을 하면 됩니다. 두 번째 상황에서도 문을 여는 게 나을지 닫는 게 나을지 물어볼 게 아니라 내가 지금 너무 괴로우니 신경을 좀 써달라고 하면 됩니다.

생물학적으로 남자보다 여자가 상대방이 원하는 것을 알아채는 능력이 뛰어납니다. 그래서 상대방에게 말을 할 때도 '이 정도 쯤이면 알아듣겠지'라며 두루뭉술하게 표현을 합니다. 그러나 세상의 그 어떤 사람이라도 상대방의 생각을 정확히 읽어내는 사람은 없습니다. 있다면 그 사람은 초능력자겠죠.

갓난아이가 울 때 엄마는 아이가 무엇을 원하는지 어느 정도 짐작할 수 있습니다. 그러나 아이가 말을 하지 않는 이상 정확히 무엇을 원하는지는 모릅니다. 상대방이 절대로 풀지 못하는 문제를 내면서 문제를 풀기를 원하는 것은 그야말로 이기적인 생각입니다.

자신의 생각과 감정을 전달할 수 있는 능력

자신의 생각과 의견, 감정과 원하는 것을 정확하게 말할 수 있는 것도 일종의 능력입니다. 이런 능력이 없는 사람들은 상대방이 알아서 신경 써주기를 바랍니다. 그러다 보니 정말로 자신이 원하는 것을 얻어내지 못합니다.

부모님 세대에서는 감정을 표현하지 않고 참는 것이 미덕이었습니다. 우리들도 모르는 새 그런 면을 배우며 자라왔는지도 모릅니다. 그러나 오늘날 사회는 감정을 표현하지 않으면 의사소통의 부재를 낳게 됩니다.

인간의 감정은 아무 이유 없이 생기지 않습니다. 따라서 어떤 감정이 생긴다는 것은 무언가 해결해야 할 일이 생겼다는 것과 같습니다. 그렇기 때문에 감정이라는 것이 우리의 삶에 항상 걸림돌로 작용하는 것은 아닙니다. 어떤 감정이라도 긍정적인 기능이 있습니다.

예를 들어 화가 났을 때 명확하게 자신의 감정을 표출하면 상대방에게 그런 행동을 하지 말라는 메시지를 줄 수 있습니다. 만약 나와 좋은 관계를 계속 유지하고 싶은 사람이라면 사과를 하거나 다시는 그런 행동을 하지 않을 것입니다. 나아가 '나'와 '너'라는 인간에 대해 더 잘 알게 되어 좋은 관계가 유지됩니다.

우리가 감정을 조절해야 하는 이유는 단 한 가지입니다. 소중한 사람들과 좋은 관계를 맺고, 서로 존중하면서 행복하게 살기 위한 것이죠. 특히 갈등 상황이 벌어졌을 때 가장 분노하게 되는 것은 존중받지 못했다고 느낄 때입니다. 따라서 적당히 분노를 표출하여 상대방에게 존중해 줄 것을 요구하는 것입니다. 이처럼 자신이 원하는 것을 정확하게 표현하고 상대방에게 원하는 것을 얻어낼 수 있는 것이야 말로 우리에게 가장 필요한 능력이자 감정조절을 하는 근본적인 이유입니다.

부드럽지만 강하게

나만 행복한 것이 아니라 모두가 행복하게 살기 위해서는 자신이 원하는 바를 정확하게 표현할 수 있는 능력이 필요합니다. 상대하기 껄끄러운 사람에게 내가 바라는 점을 정확하게 표현하면서 좋은 관계를 유지할 수 있다면 우리가 하는 고민들의 70퍼센트 이상은 해결될 것입니다. 그런데 상대방이 어떻게 받아들일지 예측할 수 없거나, 오히려 너무 쉽게 예측이 가능하다는 이유로 지레 겁을 먹고 입을 다물어 버리는 경우가 많습니다.

사춘기가 오기 전의 아이들은 혼을 내거나 어르고 달래면 어느 정도는 말을 듣습니다. 하지만 사춘기의 아이를 대하다 보면 상황은 크게 달라집니다. 어릴 때처럼 대화방식이 일방통행이어서는 절대 말을 듣지 않습니다. 어느새 성장해 있는 인격을 인정해야 의사소통이 가능해집니다.

직장에서도 마찬가지입니다. 부하는 상사에게 상사는 부하에게 맞춰주면서 일을 해야 좋은 성과를 거둘 수 있습니다. 고부갈등의 경우도 시어머니와 며느리가 서로에게 맞추어 살아가면 부딪칠 일이 절대로 없습니다.

그럼 지금부터 상대방을 존중하며 대화를 열어나가는 기술에 대해 알아보기로 합시다.

부드럽게 말문을 열어라

좋은 관계를 유지하면서 원하는 것을 얻어내기 위해서는 '무엇을 말하는지'만큼이나 '어떻게 말하는지'도 중요합니다. 화가 나더라도 화난 감정을 있는 그대로 드러내기보다는 예쁘게 포장해서 전달하면 상대방도 '들어줄 마음'이 생겨납니다.

객관적인 상황을 말하라

자신의 생각과 감정을 표현하는 것은 단순히 나의 감정을 전달하는 것만을 말하는 것이 아닙니다. 나의 생각과 감정을 표현하는 동시에 상대방을 설득하는 과정이 포함되어 있어야 합니다. 상대방을 설득하기 위해서는 객관적인 상황과 자신의 입장을 표현할 수 있어야 합니다.

대화는 '나(I)'로 시작하라

우리가 상대방에게 원하는 것을 말로 표현할 때 우리도 모르게 무의식적으로 '너You'라는 단어로 대화를 시작합니다. 그러면 상대방은 자신을 탓한다는 느낌을 받습니다. 따라서 자신의 감정을 표현할 때는 항상 '나는 어떻다'라고 표현해야 합니다.

'우리(We) 메시지'로 요구하기

한국 사람은 '우리We'라는 단어를 많이 씁니다. 예부터 '우리'가 '함께'하는 문화 속에서 자라왔기 때문입니다. 'We 메시지'란 상대방에게만 강요하는 것이 아니라 함께 개선을 하자는 의미를 포함하는 전달 방법입니다. '우리'라는 단어는 소속감을 갖게 해주기도 하면서 자연스럽게 동참하는 느낌을 주기도 합니다.

상대방의 입장과 관점을 수용하라

대부분의 갈등은 서로의 입장과 관점이 다르기 때문에 생깁니다. 따라서 상대방의 마음을 움직이고자 한다면 가장 먼저 해야 할 일은 상대방의 입장과 관점과 감정을 수용해 주는 것입니다. 대화를 시작할 때도 "당신의 입장을 이해한다"는 말을 먼저 하면 대화를 부드럽게 이어나갈 수 있습니다.

타이밍을 놓치지 말라

누군가와 싸우고 난 뒤에 아직도 할 말이 머릿속에서 맴돌고 있다면, 하고 싶은 말을 다 못했기 때문입니다. 상대방이 내 감정을 상하게 하는 행동을 했을 때 곧바로 말을 하지 않으면 상대방의 행동은 고쳐지지 않습니다. 말할 타이밍을 놓쳐 나중에 그 얘기를 꺼내면 성격이 꽁한 사람으로 오해받을 수도 있으니 할 말이 있으면 타이밍을 놓치지 맙시다.

감정이 고조되었을 때는 피하라

서로 감정이 고조되었을 때는 감정을 가라앉힌 뒤 원하는 것을 말하는 것이 좋습니다. 감정이 고조되었을 때는 아무리 감정표현을 자제한다고 해도 목소리가 커지거나 호흡이 가빠져서 화가 났다는 사실을 상대방이 알아챕니다. 그러면 상대방도 격하게 반응할 수밖에 없고 결국은 관계가 악화되고 맙니다.

표현하는 것도 연습이 필요하다

우리나라에는 착한여자 콤플렉스를 가진 여성들이 많습니다. 남자친구가 일방적으로 데이트 약속을 취소하고 일을 하러 가야 한다고 말하면 웃으면서 잘 다녀오라고 말합니다. 아이는 부부가 공동으로 키워야 하는데 엄마는 별다른 불평 없이 아이를 도맡아 키웁니다. 이렇게 착한여자로 살다 보니 느는 건 한숨이요, 쌓이는 건 스트레스입니다. 더 큰 문제는 자신이 원하는 것을 상대방에게 말하는 법을 잊어버리게 된다는 것입니다. 그저 시키면, 시키는 대로 살아가는 수동형 인간이 돼버리는 것이죠.

이제부터라도 자신이 원하는 것을 떠올려 보십시오. 그리고 큰 마음 먹고 상대의 눈을 보며 원하는 것이 무엇인지 정확히 표현해 보십시오. 그동안 수동적으로 살아온 사람들은 상대방의 눈을 바라보며 정확히 표현하는 것이 매우 어렵습니다. 따라서 혼자서 연습을 여러 번 해보고 말하는 것이 좋습니다.

저 역시 전하고 싶은 말을 잘 표현하게 되기까지 수많은 연습이 필요했습니다. 원하는 것을 말하기에 가장 어려움을 느끼는 상대는 아이러니하게도 부하 직원이었습니다. 잘못을 저질렀으면 단지 혼내는 것이 아니라 반성과 대책을 요구해야 하는데 감정이 앞서곤 했습니다. 그래서 여러 가지 시나리오를 짜서 연습을 완벽히 마친 후에 부하 직원과 면담을 했습니다. 덕분에 지금은 부하 직원에게 업무에 대한 효율적인 피드백을 하는 것이 익숙한 일이 되었습니다.

자신이 화가 난 상황에서도 감정을 정리하고 상대방에게 원하는 것을 요구하는 게 자연스러워지려면 수많은 시행착오를 겪어야 합니다. 그러한 시행착오를 줄여주는 것이 연습입니다. 연습을 통해 말하는 것이 익숙해지기까지는 시간이 좀 걸립니다. 그러나 한번 익숙해지고 나면 스트레스 받을 일은 크게 줄어듭니다. 소리 내어 연습하기가 쑥스럽다면 머릿속으로라도 꼭 시뮬레이션을 해보기 바랍니다.

PART 4

/

갇힌 공주보다
차라리 마녀를

chapter 16

내일은
행복할까?

오늘, 당신은 행복합니까?

만화영화인 〈개구쟁이 스머프〉를 보면 투덜이 스머프가 나옵니다. 투덜이 스머프는 어떤 말을 하든 항상 끝에는 "나는 그것이 싫어"라고 끝맺습니다. 그런데 생각보다 이 세상에는 투덜이 스머프가 많습니다.

아이가 집안을 어질러 놓았다고 퇴근하자마자 소리를 지르는 투덜이 스머프, 부하직원들이 일을 못한다고 매일 혼만 내는 투덜이 스머프, 남편의 모든 행동이 불만인 투덜이 스머프들입니다.

만화영화 속의 투덜이 스머프는 귀엽기라도 하지만, 일상생활의 투덜이 스머프는 본인뿐만 아니라 주변 사람들까지 힘들게 합니다. 모든 것을 부정적으로 보는 사람은 삶이 행복할 리 없습니다. 나는 아니라고요? 그럼 한번 점검해 봅시다.

포다이스의 행복도 검사

당신은 스스로 얼마나 행복, 또는 불행하다고 느낍니까? 평소에 느끼는 행복을 가장 잘 설명해 주는 항목 하나를 골라서 체크해 보세요.

10. 극도로 행복하다. (말할 수 없이 황홀하고 기쁜 느낌)

9. 아주 행복하다. (상당히 기분이 좋고 의기양양한 느낌)

8. 꽤 행복하다. (의욕이 솟고 기분이 좋은 느낌)

7. 조금 행복하다. (다소 기분이 좋고 활기에 차 있는 느낌)

6. 행복한 편이다. (여느 때보다 약간 기분 좋을 때)

5. 보통이다. (특별히 행복하지도 불행하지도 않은 느낌)

4. 약간 불행한 편이다. (여느 때보다 약간 우울한 느낌)

3. 조금 불행하다.. (다소 가라앉은 느낌)

2. 꽤 불행하다. (우울하고 기운이 없는 느낌)

1. 매우 불행하다. (대단히 우울하고 의욕이 없는 느낌)

0. 극도로 불행하다. (우울증이 극심하고 전혀 의욕이 없는 느낌)

당신은 하루 중 얼마 동안이나 행복, 또는 불행하다고 느낍니까? 그리고 행복하지도 불행하지도 않은 보통 상태는 어느 정도입니까? 당신이 생각하는 시간을 아래 빈칸에 퍼센트로 적어 보십시오. 세 가지의 합계는 100퍼센트가 되어야 합니다.

평균적으로 행복하다고 느끼는 시간 _____ 퍼센트

불행하다고 느끼는 시간 _____ 퍼센트

보통이라고 느끼는 시간 _____ 퍼센트

심리학자 마이클 포다이스Michael Fordyce 박사가 개발한 행복도 검사는 스스로 행복도를 측정하는 방식입니다. 미국의 성인 3,050명을 조사한 결과 10점 만점에서 평균 6.92점이 나왔습니다. 시간 비율에 대한 답변은 행복한 시간이 54퍼센트, 불행한 시간 20퍼센트, 보통인 시간 26퍼센트이었다고 합니다.

같은 검사는 아니지만 2010년도 온라인 리쿠르팅 업체인 잡코리아가 실시한 '대한민국 직장인 행복만족도'에 대한 설문 결과는 무척 달랐습니다. 전국 남녀 직장인 683명을 대상으로 행복도에 대해서 조사한 결과, 현재 자신이 행복하다고 응답한 직장인은 123명18퍼센트이었고, 보통이다 369명54퍼센트, 행복하지 않다고 응답한 직장인도 191명28퍼센트에 달했습니다. 10명 중 2명이 채 되지 않는 1.8명만이 행복하다고 대답한 것입니다.

직장인 커뮤니티 블라인드가 발표한 2020년 기준 직장별 행복도 조사 '블라인드 지수BIE: Blind Index of Employee's Happiness'에서 직장인 72,109명을 대상으로 한 조사 결과를 보면 대한민국 직장인 행복도는 47점을 기록했고, 일 년 안에 2명 중 1명이 실제로 이직을 시도했으며 70퍼센트가 번아웃을 경험했는데 여성이나 저연차일수록 크게 나타났다고 합니다.

그 누구도 불행하게 살고 싶은 사람은 없을 것입니다. 그렇다면 행복하게 살기 위해서는 어떻게 해야 할까요? 직장을 다니는 사람들은 행복도가 떨어지니 직장을 그만두어야 할까요? 한 가지 분명한 건 부정적인 사람은 행복할 수 없다는 것입니다. 바꿔 말하면 행복하기 위해서는 긍정적인 사람이 돼야 합니다. 그리고 행복으로 들어가는 문의 손잡이는 우리의 마음속에 있다는 것을 깨달아야 합니다. 그 다음은 쉽습니다. 문을 열고 들어가기만 하면 됩니다.

행복을 저멀리 미뤄두는 사람들

언젠가 신입사원들에게 꿈이 무엇인지 물어본 적이 있습니다. 그러자 놀랍게도 약 70퍼센트 정도의 신입사원들이 로또 당첨이라고 대답했습니다. 부자가 되는 것이 꿈인데 로또 당첨이 아닌 이상 부자가 될 방법이 없기 때문이었습니다. 심지어 대기업 부장들도 이런 얘기를 하는 사람들이 많았습니다.

신입사원들에게 그럼 로또에 당첨되면 무엇을 할 것이냐고 물어보니 집과 차를 사고 여행을 다닐 것이라고 했습니다. 물론 직장은 그만두고요. 이런 대답을 하는 신입사원들을 보며 지금 직장에 다니고 있는 게 얼마나 괴로울지 상상이 갔습니다. 자신의 꿈은 부자가 되어 집과 차를 사고 여행을 다니는 것이니까요.

그런데 정말로 돈이 많으면 행복할까요? 한번은 돈이 많아서 아무 일 안 하고 매일 골프장으로 출근하는 사람에게 행복하냐고 물어보았습니다. 그러자 고개를 흔들며 무료하다고 대답했습니다. 할 일이 없어서 골프장에 나온다는 것이었습니다. 또 다른 부자는 이성이 너무 돈만 바라보며 접근하기 때문에 정상적인 교제를 하기 힘들다고 털어놓았습니다. 그는 한숨을 푹 쉬며 이대로 가다가는 결혼도 못하고 늙을 것 같다고 걱정했습니다.

'파랑새 증후군Bluebird syndrome'은 행복은 바로 자신의 곁에 있는데 다른 어딘가에 있을까 하고 찾아다니는 것을 일컫는 말입니다. 직장을 떠나면 행복할 거라 생각하거나, 지금의 남자친구 혹은 남편을 바꾸면 더 행복한 미래가 있을 것이라고 생각하는 것은 모두 파랑새 증후군에 해당됩니다. 혹시 당신도 파랑새 증후군을 앓고 있지는 않습니까?

긍정심리학자 마틴 셀리그만은 100년 전과 현재 사람들의 행복지수를 비교해 보았습니다. 그 결과 모든 문화권의 사람들이 100년 전에 비해 더 행복해지지도 불행해지지도 않았다는 것을 알 수 있었습니다. 100년 전보다 생활이 훨씬 윤택해졌지만 행복지수는 올라가지 않은 것입니다. 복권이 당첨된 사람들의 행복지수를 측정해 본 결과 당첨 초기에는 행복지수가 급격히 상승하지만 시간이 흐르면 다시 제자리로 돌아오는 것을 발견했습니다. 돈이 많아져도 그 생활에 익숙해지다 보면 돈이 없을 때와 차이가 없어진다는 말입니다.

우리나라 사람들 대부분은 돈을 행복의 가장 큰 조건으로 꼽습니다. 그런데 돈이 행복과 밀접한 관련이 있다고 생각하는 사람들은 그렇지 않은 사람들보다 삶의 만족도가 떨어진다는 연구 결과가 있습니다.

2021년 5월 한국개발연구원KDI의 〈나라경제〉 5월호에 따르면 UN 세계행복지수에서 우리나라의 지난 3년2018~2020년 국가 행복지수는 10점 만점에 5.85점이었습니다. 우리나라가 국민 삶 만족도는 경제협력개발기구OECD 내에서 최하위에 그친 것으로 나타난 것입니다.

국가 행복지수는 UN 산하 자문기구인 지속가능발전해법네트워크SDSN가 국가별 국내총생산GDP과 기대수명, 사회적 지지 등을 바탕으로 집계한 것입니다.

우리나라 행복지수는 OECD 37개국 35위에 올랐습니다. 전체 조사 대상 149개국 중에서도 62위에 불과했습니다.

OECD 내에서 국가행복지수가 가장 높은 국가는 핀란드7.84점였고, 미국은 6.95점으로 18위에 이름을 올렸고, 일본은 5.94점으로 우리나라보다 두 단계 높은 33위에 올랐습니다. 경제 성장 속도에 비해 개인의 행복지수는 그리 성장하지 못한 것 같습니다.

우리나라 사람들에게 왜 그렇게 열심히 일하냐고 물어보면 대부분 나중에 행복하게 살기 위해서라고 합니다. 그러면서 나를 아끼는 사람들과 함께할 수 있는 시간들을 속절없이 흘려보냅니다. 우리는 왜 자꾸 지금부터 행복해도 되는 것을 나중으로 미뤄두는 걸까요?

행복의 기준, 카르페 디엠

영화 〈죽은 시인의 사회〉에서 키팅 선생님이 학생들에게 '카르페 디엠Carpe diem'을 외치면서 지금 이 순간을 즐기라고 강조하는 장면은 아직까지도 회자되고 있습니다. 영화가 상영된 이후로 지금 이 순간을 즐기자고 외치는 사람들이 늘어났습니다.

그러나 영화가 주는 메시지를 왜곡해서는 안 됩니다. 지금 이 순간을 즐기려고 매일 하고 싶은 일만 하면서 미래에 대한 아무런 노력도 하지 않는 것은 행복의 의미를 잘못 받아들인 사람들입니다. 순간적인 쾌락이나 편안함만을 추구하는 사람은 행복한 사람이 아닙니다.

'카르페 디엠'은 지금 살고 있는 '현재에 충실하라'는 뜻의 라틴어입니다. 이는 앞으로 우리에게 올 기회나 위기에 대비하여 '현재에 충실하라'는 의미이기도 하면서 자신의 삶의 목표를 달성하는 '과정을 즐기라'는 의미이기도 합니다.

자신의 삶에 목표가 있고 꿈이 있는 사람들은 지금 당장은 큰 돈을 벌지 못하더라도 행복감을 느낍니다. 꿈을 이루고 나면 더 행복할 것 같지만 실제로 꿈을 이루고 난 이후에는 행복감보다 허탈감이 더 커집니다. 그래서 많은 심리학자들과 철학자들은 행복의 의미를 순간적인 쾌락에 두지 않습니다. 이들은 행복이 인간이 이루고 싶은 꿈이나 목표를 성취하기 위한 과정에서 느껴지는 긍정적인 정서라고 주장합니다.

행복에 대해 연구하는 학자들은 전 세계적으로 행복한 사람들과 행복하지 않은 사람들을 연구한 끝에 행복한 사람의 특징을 찾아냈습니다. 그들이 찾아낸 것은 행복한 사람들은 일반적인 사람보다 일상생활에서 긍정적인 감정을 훨씬 많이 느낀다는 사실입니다.

사실 행복이라는 것은 사람마다 기준이 다르고 상황에 따라 다르게 느끼기 때문에 어느 한 가지로 정의내리기 어렵습니다. 그러나 행복의 요소인 긍정적인 정서, 성취, 몰입, 삶의 의미, 긍정적인 관계 등을 모두 고려한다면 단순히 '오늘부터 행복하기로 마음먹었다'고 해서 쉽게 달성할 수 있는 것은 아닙니다. '난 지금 하고 싶은 대로 하고 사니 행복해!'라고 생각하는 사람들은 사실 현실을 회피하고 있는 것인지도 모릅니다.

성공에 대한 집착을 내려놓는다고 해서 갑자기 행복해지는 것도 아니고, 훌쩍 여행을 떠난다고 해서 행복해지는 것도 아닙니다. 긍정적인 마음을 가지고 자신의 삶을 충실하게 살면서 꿈을 이루기 위해 노력하고 다른 사람들과 좋은 관계를 유지하는 것이 행복이라 할 수 있습니다.

행복은 곧 '만족감'이라고도 할 수 있습니다. 삶에서 만족감을 얻기 위해서는 삶을 유지할 수 있는 돈도 필요하고, 좋은 인간관계도 필요하고, 직장도 필요합니다. 그리고 무엇보다 노력이 필요합니다.

노래방을 가면 목이 터지게 노래를 불러야 즐겁고, 클럽에 가면 적극적으로 춤을 추고 놀아야 재미있습니다. 우리의 삶도 마찬가지입니다. 내 삶에 적극적으로 뛰어들어서 이리 부딪치고 저리 부딪칠 때 행복을 느낄 수 있습니다. 선조체Striatum, 우리 뇌에서 정보를 받아들이는 영역의 뉴런들은 동일한 보상일지라도 수동적으로 받을 때보다 적극적으로 선택할 때 더 많이 반응합니다.

내일부터 행복하겠다는 다짐으로 오늘을 희생해서는 행복할 수 없습니다. 지금 이 순간을 충실하게 즐겨야 합니다. 그것이 지금부터 행복할 수 있는 비결입니다.

행복으로 들어가는 여섯 개의 문

첫 번째 문, 긍정적인 정서

19세기 중반 프랑스 신경심리학자였던 기욤 뒤셴Guillaume

Duchenne은 인간이 진짜로 행복해서 웃을 때는 인위적으로 만들어 낼 수 없는 미소를 짓는다는 것을 발견해 냈습니다. 이를 뒤센 미소라고 합니다.

리앤 하커LeeAnne Harker와 다처 켈트너Dacher Keltner는 뒤센 미소를 증명하기 위해 캘리포니아 오클랜드의 사립 여학교인 밀스대학 졸업앨범을 연구했습니다. 그들은 1958년부터 1960년까지의 졸업앨범에 담긴 114장의 사진을 분석해서 뒤센 미소 척도를 분석했습니다. 그러자 이 졸업앨범의 뒤센 미소는 10점 만점에서 평균 3.8 정도였습니다.

이후 뒤센 미소 척도를 기준으로 졸업 후 결혼 여부와 결혼 만족도를 확인해 보았습니다. 그러자 졸업앨범에서 뒤센 미소를 지었던 여학생이 중년이 되었을 때에도 더 행복한 결혼생활을 하고 있다는 사실을 알아냈습니다. 이처럼 진짜로 기쁘고 행복감을 느끼는 사람은 시간이 흐른 후에도 행복한 생활을 할 가능성이 높습니다.

우리는 감정이나 행복이 금방 사라지는 것이라고 생각합니다. 그렇지만 감정은 일종의 습관입니다. 시간이 지난다고 해서 사라지는 것이 아닌 것입니다. 앞서 연구에서 본 것같이, 여학생들은 졸업앨범을 찍을 때만 즐겁고 행복했던 것이 아니라 평상시에도 긍정적인 감정패턴을 가지고 있었기에 늘 행복할 수 있었습니다.

두 번째 문, 성격 강점

EBS 다큐멘터리 〈당신의 성격〉에서 외향성과 내향성에 대한 실험이 나왔습니다. 서울대에서 외향적인 학생과 내향적인 학생을 대상으로 레몬즙 실험을 한 것입니다. 실험 전 분비되는 침의 양을 측정하고 각 학생의 입에 같은 양의 레몬즙을 떨어뜨리고 나서 분비되는 침의 양을 측정했습니다. 레몬즙이라는 자극에 대해 성격에 따라 어떻게 반응하는지를 측정한 것입니다. 그 결과 내향적인 학생들이 외향적인 학생들에 비해서 훨씬 더 많은 양의 침을 분비한 것으로 나타났습니다. 내향적인 사람은 대뇌피질의 각성 수준이 높고 외부자극에 민감하게 반응하기 때문입니다.

다른 실험에서는 모르는 사람의 얼굴 사진을 번갈아 보여주면서 뇌를 관찰했습니다. 그러자 외향적인 사람은 뇌의 안와전두엽 피질과 북측선도체가 많이 활성화된 결과가 나타났습니다.

이 두 가지는 정보를 받아들이는 영역이지만, 쾌감과도 관련이 있어 두 영역이 반응하면 단 것을 먹었을 때 기분이 좋아지는 것과 같은 쾌감을 불러일으킵니다. 외향적인 사람의 뇌는 새로운 사람이나 친구를 만나는 자리를 기다리고 설레어 한다는 사실을 알 수 있습니다.

이렇게 성격의 차이는 뇌구조의 차이에서부터 시작됩니다. 좋고 나쁨의 문제가 아닌 것이죠. 성격에 따라서 좋아하는 것과 잘하는 것, 그리고 하고 싶은 것이 다를 수밖에 없습니다. 이처럼 외향적이든 내향적이든 사람들은 자신의 성향을 파악하고, 그 성격의 강점을 활용할 때 행복감을 느낍니다.

세 번째 문, 성취

성취감을 느끼는 것은 사람마다 갖고 있는 성격 강점의 발휘와 관련이 깊습니다. 사람들은 성격 강점을 발휘하여 목표를 달성해 가는 과정에서 행복감을 느낍니다. 과정에서도 행복감을 느끼는데 목표를 달성했을 때야 말할 것도 없습니다. 이처럼 성취감은 행복의 중요한 요소라 할 수 있습니다.

네 번째 문, 희망

사람이 아무리 최악의 상황이라고 하더라도 힘을 낼 수 있는 것은 내일에 대한 희망이 있기 때문입니다. 희망은 노력의 결과가 좋을 것이라는 기대라고 할 수 있습니다. 따라서 사람들은 희망이 있을 때 긍정적인 자세로 노력할 수 있습니다.

다섯 번째 문, 몰입

미국 피터드러커 경영대학원의 심리학자인 칙센트 미하이Mihaly Csikszentmihalyi는 전 세계 수천 명의 명사들을 인터뷰하면서 매번 같은 질문을 던졌습니다.

"당신의 삶에서 가장 큰 만족을 얻었을 때가 언제였습니까?"

그러자 대부분 자신이 좋아하는 일에 몰입할 때 가장 만족스러웠다고 대답했습니다. 쾌락은 지속적이지 않지만, 몰입은 만족을 통해 지속적인 행복감을 줍니다. 좋아하는 일에 몰입하는 것이야말로 항상 행복할 수 있는 비결입니다.

여섯 번째 문, 회복력

앞서 회복력은 스트레스나 역경에 대한 정신적 저항력을 의미한다고 했습니다. 회복력이 높은 사람들은 어려운 일을 겪어도 금방 바닥을 치고 올라올 수 있습니다.

《회복력의 7가지 기술The Resilience Factor: 7 Keys to Finding Your Inner Strength and Overcoming Life's Hurdles》을 집필한 회복력 분야의 권위자 캐런 레이비치Karen Reivich와 앤드류 샤테Andrew Shatte는 오랜 연구 끝에 사람들이 마음을 회복하는 데는 7가지 요소가 있다는 것을 알아냈습니다. 그것은 감정 조절력, 충동 통제력, 공감 능력, 낙관성, 원인 분석력, 자기 효능감, 적극적 도전입니다. 회복력이 높은 사람은 이러 요소를 활용해 감정, 집중력, 행동을 통제할 수 있습니다.

chapter 17

함께 있어
행복한 여자

혼자만 잘 살믄 무슨 재민겨

1842년 발표된 찰스 디킨스의 소설 《크리스마스 캐럴A Christmas Carol》에는 지독한 구두쇠 스크루지가 등장합니다. 스크루지는 친구인 마레와 함께 장사를 합니다. 그러다 친구가 죽게 되는데, 스크루지는 마레의 장례식에 참석하지 않고 장사를 합니다. 그만큼 돈을 좋아하는 구두쇠였습니다. 그는 다른 사람들과 사귀지도 않고 남을 돕지도, 도움을 받지도 않습니다. 그에게는 거지조차도 구걸을 하지 않았습니다.

그런 스크루지에게 마레 유령이 나타납니다. 마레 유령은 욕심을 버리고 사람들과 어울리며 살라고 하면서 앞으로 유령 셋이 나타날 것이라고 말하고는 사라집니다.

첫 번째 유령은 스크루지의 불쌍했던 어린 시절과 욕심 때문에 헤어진 약혼자의 모습을 보여줍니다. 두 번째 유령은 스크루지의 사무실 직원과 조카 등 다른 사람들이 스크루지를 걱정하고 축복하는 모습을 보여줍니다. 세 번째 유령은 스크루지가 죽었을 때의 모습을 보여줍니다. 사람들이 스크루지의 죽음을 슬퍼하지 않을 뿐만 아니라 물건을 훔쳐가는 모습이었습니다.

스크루지는 세 유령을 통해 자신의 과거와 현재, 그리고 미래의 모습을 보고 마음을 고쳐먹게 됩니다. 그는 다음 날 아침에 눈을 뜨자마자 사람들에게 인사도 하고, 기부금도 내고, 직원의 월급도 올려줍니다.

스크루지가 태어날 때부터 몰인정한 사람은 아니었을 것입니다. 험난한 성장과정이 그를 인정 없는 사람으로 만든 것입니다. 사람은 누구나 사랑하고 사랑받는 능력을 가지고 태어납니다. 이런 능력은 삶을 살아가는 데 있어 큰 영향을 미칩니다. 최근 학자들은 이런 능력에 대해 깊이 있는 연구를 하기 시작했습니다.

뉴로 이미지 연구에서 친한 친구의 사진을 보여줬을 때와 가족과 자녀 등 진정으로 사랑하는 사람의 사진을 보여줬을 때 뇌가 서로 다르게 작동한다는 사실을 밝혀냈습니다. 사랑하는 사람의 사진을 보여줬을 때는 코카인에 중독된 사람의 뇌가 활성화되는 것과 비슷한 모습을 보였습니다.

뇌가 이런 반응을 보이는 것은 '옥시토신' 때문입니다. 사랑 호르몬 혹은 포옹 호르몬이라고 불리는 옥시토신은 신경 전달물질인 '도파민'과 관련되어 있습니다. 다른 사람과의 긍정적인 관계는 옥시토신과 도파민을 분비시킨다고 합니다. 따라서 행복은 다른 사람과 얼마나 긍정적인 관계를 쌓느냐에 달려 있다고 할 수 있습니다.

마틴 셀리그만과 이디 디너는 행복하다고 느끼는 상위 10퍼센트의 학생을 연구했습니다. 그 결과 행복한 사람과 불행한 사람의 가장 큰 차이점은 긍정적인 인간관계를 가지고 있느냐 없느냐에 있다는 것을 밝혀냈습니다.

사람이 사회적인 존재라는 것에 이의를 제기할 사람은 없을 것입니다. 복지시설이 잘 되어 있는 미국의 요양원이나 양로원에서 살고 있는 노인들의 사망률을 조사해 보니 그들의 생일, 결혼기념일, 크리스마스 등 특정 기념일에는 사망률이 현저히 감소했다고 합니다. 그 원인을 분석해 보니 기념일을 꼭 누리고 싶다는 열망을 갖고 있었기 때문이라고 합니다. 그런데 기념일이 지나가고 나면 삶의 의지가 약화되기 때문에 사망률이 급증한다는 것이었습니다.

세계보건기구가 발표한 건강에 대한 정의는 '단순히 질병이 없는 상태'가 아니라 '신체적, 정신적, 사회적으로 안녕한 상태로 직업, 안전한 환경을 포함한 건강한 상태'입니다. 건강하고 행복한 삶에 직업과 환경을 포함시키고 있다는 사실은 인간이 사회적으로 진화되어 왔고 집단생활이 가능하도록 뇌가 발달해 왔다는 사실과 연결됩니다. 재야 사상가이자 농사꾼인 전우익 선생님은 "혼자만 잘 살믄 무슨 재민겨"라고 말했습니다. 행복하게 살고자 한다면 이를 금과옥조처럼 여겨야 합니다.

사람의 마음을 얻는 공감능력

전 세계적으로 여성정치인이 각광 받고 있습니다. 생리적으로 여성은 남성과 비교해 공감능력이 뛰어납니다. 우리나라에서 여성 대통령이 탄생한 것 또한 공감과 소통의 정치를 바라는 국민들의 바람이 반영된 결과일 것입니다.

유명한 심리학자인 이탈리아 파르마 대학의 지아코모 리촐라티Giacomo Rizzolatti 교수와 연구팀들은 짧은 꼬리 원숭이의 뇌에 직접 전극을 꽂고 손과 입의 동작을 제어하는 신경을 가려내는 실험을 했습니다. 그들은 음식을 집는 것과 같은 여러 동작마다 각각의 뉴런에서 일어나는 활동을 기록하며 하나의 동작에 대응하는 하나의 뉴런을 찾아냈습니다.

그러던 중 이상한 현상을 발견했습니다. 투명 칸막이로 가로막혀 먹이를 잡을 수 없었던 원숭이가 연구원이 먹이를 집어 들자, 직접 먹이를 집을 때 반응하던 뉴런이 똑같이 반응한 것이었습니다. DNA 이중나선 구조의 발견에 견주는 '미러 뉴런Mirror neuron', 이른바 '거울 뉴런'의 존재가 발견된 순간이었습니다.

거울 뉴런은 다른 사람이 특정한 행동을 보이면 그 사람이 무엇을 느끼는지 거울에 비추어 보듯이 이해할 수 있다는 것입니다. 예를 들어 누군가가 달리기를 하다가 물을 마신다면 내가 직접 물을 마시지 않아도 그 사람이 갈증이 났을 것이라는 것을 알 수 있는 것과 같습니다.

직장 동료가 웃으며 인사를 건네면 자신이 미소 지을 때 느끼는 감정이 발생하게 되고, 따라서 미소 짓게 됩니다. 웃음은 웃기는 상황이 있을 때 나오는 것이지만, 사회 속에서 서로 교감을 나누는 행위이기도 합니다. 마치 옆에서 하품을 하면 나도 따라 하품을 하는 것과 같은 것입니다.

현대인들은 타인을 의식하지 않고 살아간다고 하지만, 실제로는 꽤 의식을 하며 살아갑니다. 길을 가다 어떤 사람이 무언가를 뚫어져라 쳐다보고 있으면 자신도 모르게 따라서 쳐다보게 됩니다. 횡단보도에서 녹색불이 켜지지도 않았는데 옆에 있는 사람이 길을 건너면 같이 따라 건너게 됩니다. 타인의 행위가 가진 의도를 '생각'할 필요도 없이 본능적이고 즉각적으로 따라하게 되는 것이죠.

미러 뉴런은 인간들이 문명을 일으키고, 각 사회의 고유한 문화를 유지하는데 핵심요소로 작용해 왔습니다. 미러 뉴런의 모방기능은 관찰이나 간접경험으로도 인간이 직접 그 일을 경험한 것과 같이 만들어 줍니다.

열정적으로 사랑하는 연인들의 뇌 사진을 촬영해 보면 공감 영역에서 큰 차이가 발견됩니다. 연인들을 대상으로 전기충격을 가했을 때, 여자친구는 남자친구의 고통을 보면 같이 고통을 느끼는 반면, 남자친구는 여자친구가 전기충격으로 고통을 받는 모습을 봐도 자신이 고통을 받을 때 활성화된 두뇌 영역이 반응을 보이지 않았습니다.

장자는 '진정한 공감이란 자신의 존재 전체로 듣는 것'이라고 말했습니다. 귀로만 듣는 것과 이해로 듣는 것은 서로 전혀 다른 것이며, 마음으로 듣는다는 것은 귀나 타고난 인식 능력 또는 생각만으로 듣는 것이 아니라서 모든 생각이 비워져야 존재 전체로 듣게 된다는 것입니다.

관계를 확장시키는 힘

인간관계에서 공감은 우리가 다른 사람에게 가진 선입견과 판단을 떨쳐버린 후에야 비로소 가능해집니다. 이와 관련된 것으로 공감적 이해Empathic Understanding란 것이 있습니다. 공감적 이해란 자신이 직접 경험하지 않고도 상대방의 감정을 거의 같은 내용과 수준으로 이해하는 것을 말합니다.

비슷한 것으로 관점 수용이라는 것이 있습니다. 이는 상대방의 관점에서 세상을 바라보는 능력입니다. 상대방의 관점에서 세상을 바라보려면 일단 나와 상대방의 관점이 분리되어야 합니다.

나의 관점과 타인의 관점을 분리시킬 수 있는 관점 수용은 보통 만 4세가 되어야 출현합니다.

관점 수용 능력이 발달하지 않은 어린이들은 내가 보는 세상이 남이 보는 세상과 같다고 여깁니다. 어린이들이 엄마의 생일선물로 엄마가 좋아할 만한 선물을 주는 것이 아니라 자기가 아끼는 물건, 이를 테면 스티커와 같은 것을 주는 것은 이 때문입니다.

그런데 어른이라고 해서 반드시 관점 수용 능력이 생기는 것은 아닙니다. 사실 나와 타인의 관점이 다를 수 있다는 것을 받아들이는 일은 그리 쉽지만은 않습니다. 특히 지위가 높아질수록 이 능력은 사라질 확률이 높습니다. 현역 시절 뛰어났던 사람이 훌륭한 감독이 되기 어렵다는 속설도 여기에 그 이유가 있습니다. 그들은 '차라리 내가 뛰는 게 낫겠다'는 생각을 하며 자신의 선수 시절보다 못하는 상대의 관점에서 바라보지 못하기 때문입니다.

공감적 반응은 상대방이 하는 말을 상대방의 관점에서 이해하고, 상대방의 감정을 함께 느끼며, 자신이 느낀 바를 상대방에게 전달하는 것입니다. 따라서 공감적 반응을 위해서는 자신과 처해 있는 상황이 다른 상대방의 관점과 입장에서 그의 마음을 헤아리는 자세가 필요합니다. 이러한 자세는 크게 3가지로 나누어 볼 수 있습니다.

첫째, 상대방의 입장과 의견을 충분히 경청하고 탐색해야 합니다. 둘째, 상대방의 말 속에 담겨 있는 감정과 생각을 잘 포착해야 합니다. 셋째, 상대방의 감정을 자신이 어떻게 느꼈는지 잘 전달해야 합니다. 그런데 공감 반응을 할 때 주의할 점이 있습니다. 적절하게 못한 공감 반응은 오히려 상대방의 반감을 불러일으킬 수 있다는 것입니다.

공감은 기본적 수준의 공감과 심화된 수준의 공감으로 크게 나누어 볼 수 있습니다. 기초 수준은 대상자가 이미 표현한 감정을 다시 반영하는 수준의 공감 반응입니다. 대상자가 표현하는 감정을 정확히 이해하여 반응을 하기는 하지만, 내면적 감정에는 반응하지 못하는 수준입니다.

심화된 수준은 대인관계 기능을 촉진할 수 있는 수준입니다. 이는 스스로 표현할 수 있는 것보다 더욱 내면적인 감정을 표현하면서 의사소통하는 수준입니다. 심화된 수준이 대상자가 말로 표현한 것보다 더욱 내면적인 감정을 표현할 수 있어, 대상자로 하여금 이전에는 표현할 수 없었던 감정을 표현하거나 경험하게 합니다.

제2차 세계대전에 의해 부모를 잃게 된 아이들의 정신건강 보고서를 작성한 영국의 정신분석학자 존 볼비는 중요한 사실 한 가지를 알아냈습니다. 아동이 정상적인 발달을 하기 위해서는 적어도 성인 한 명과의 따뜻하고 지속적인 관계가 필요하다는 점입니다. 간단히 말해 심화된 공감 수준이 필요하다는 것입니다.

다른 사람의 관점과 입장을 이해하고 상대방의 깊이 있는 감정까지 수용하고 포용할 때 정서적인 애착관계가 형성됩니다. 정서적인 애착관계는 우리가 행복을 느끼는 데에 큰 영향을 미칩니다.

공감 받은 만큼 공감을 해주는 능력

하버드 대학의 뇌과학자 다이애너 타밀과 제이슨 미첼은 재미있는 실험을 했습니다. 사람들이 자신의 이야기를 늘어놓을 때 뇌의 반응이 어떠한지를 알아보기 위한 것이었습니다.

먼저 실험 지원자에게 지원자 본인에 관한 질문과 타인에 관한 질문을 여러 개 했습니다. 질문 내용은 '스노보드를 좋아하는지', '피자 토핑은 버섯을 좋아하는지' 등 가벼운 것에서 공격성과 호기심 같은 개인 성향에 관한 것까지 다양했습니다. 실험을 하기 전 자신에 대한 질문 대신 타인에 대한 질문에 답하면 참가비의 4퍼센트씩 돈을 더 주겠다는 단서를 보탰습니다.

상식적으로 생각하면 돈을 더 많이 받기 위해 타인과 관련된 질문에 더 많은 대답을 하겠지만 결과는 그렇지 않았습니다. 실험 참가자의 상당수는 추가적인 수익을 포기하고 타인보다 자신에 관해 이야기하기를 선택했습니다.

연구진은 질문에 답하는 지원자의 뇌를 자기공명영상MRI으로 촬영하고 분석했습니다. 그 결과 '자기와 관련된 이야기'를 할 때 도파민 분비가 활발해진다는 사실을 알 수 있었습니다.

도파민은 신경전달물질이면서 보상 및 쾌락 중추 제어와 같은 감정의 반응을 조절합니다. 도파민은 천연 마약과 같은 작용을 하기 때문에 사람들은 짜릿한 쾌감을 느끼기도 하고 행복감을 느끼게 됩니다.

연구진은 사람들이 자신의 얘기를 할 때 뇌세포는 물론, 뇌세포를 연결하는 접점인 시냅스에서 쾌감을 느끼기 때문에 당연히 그 일을 멈출 수 없다고 설명했습니다. 타밀 박사는 "자기 얘기를 하기 위해서는 돈 몇 푼 정도는 쓸 수 있다고 사람들은 생각한 것"이라며 "실제로 대화를 나눌 때는 더 많은 금액도 내려 할 것"이라고 말했습니다. 같은 주제를 연구하는 미국 텍사스 주립대학의 심리학 교수 제임스 페너베이커James W. Pennebaker는 "우리는 다른 사람들이 자신에게 귀 기울이는 것을 무척 좋아한다"고 했습니다.

가족들간 사이가 좋아야 정서적 안정감이 높아지듯이, 직장에서도 동료들과 관계가 좋지 않으면 퇴사율이 높아지고, 동료들과 관계가 좋을수록 퇴사율은 낮아집니다.

다른 사람들과 부대끼면서 살다 보면 항상 좋은 일만 생기는 것만은 아닙니다. 이때 부정적인 피드백을 받으면 갈등이 심화되지만, 누군가에게 위로를 받기도 하고 지지를 받으면 회복이 됩니다. 그래서 부정적인 경험과 감정을 없애기 위해서는 긍정적인 경험이 반드시 필요합니다.

미국의 심리학자 존 가트맨John Gottman은 행복한 결혼생활을 하기 위해서는 부부 사이에 긍정적인 상호작용이 부정적인 상호 작용보다 최소한 5배 이상은 되어야 한다고 주장합니다. 부부가 대화를 나눌 때 긍정적인 상호작용이 나타나는 빈도를 관찰하면 이 부부가 얼마 뒤 이혼을 하게 될지 아닐지를 예측할 수 있다고 합니다. 이는 가트맨 비율로 널리 알려져 있습니다.

결국 행복한 사람이 되기 위해서 필요한 것은 두 가지입니다. 하나는 자기관리 능력이고 다른 하나는 대인관계 능력입니다. 아무리 뛰어난 사람이라고 하더라도 혼자 있으면 행복하지 않습니다. 행복하기 위해서는 나와 내 남편, 자녀, 동료, 친구들이 필요합니다. 이 사람들과 함께 있을 때 나는 진정으로 행복해질 수 있습니다. 반대로 내가 존재해야만 주변 사람들도 행복해질 수 있습니다.

chapter 18

나만의
역린逆鱗 찾기

나를 불편하게 하는 것들

인생을 살아오면서 실수하고, 실패하고, 좌절을 겪지 않은 사람
은 없을 것입니다. 인생의 시련은 위기이기도 하지만 기회이기도
합니다. 어려움을 극복한 사람들은 그로 인해 자신감이 강해지고
위기극복 능력이 생기기도 합니다. 그렇지만 아무리 위기극복 능
력이 뛰어난 사람이라고 하더라도 어려움을 극복하는 과정에서
그 누구에게도 알리고 싶지 않은 상처가 생기기도 합니다.

중국 전국시대 한나라의 한비라는 사람이 자신의 철학을 정리
한《한비자韓非子》〈세난편世難篇〉에 이런 구절이 있습니다.

"상상 속 짐승인 용龍도 잘 길들이면 올라탈 수 있지만 용의 목
아래에 있는 역린거꾸로 나 있는 비늘을 건드리면 반드시 건드린 사

람을 죽인다고 한다."

이 말은 임금을 용으로 비유한 것으로, 임금에게는 역린이 있는데 역린을 건드리지만 않으면 신하도 임금을 통해 자신의 목표를 달성할 수 있다는 말입니다. 이처럼 아무리 임금이라고 할지라도 숨기고 싶은 부분이 있습니다. 이런 역린을 건드리면 임금뿐만 아니라 어느 누구라도 상대방에게 화를 내고 복수를 다짐하게 됩니다.

역린은 누구에게나 있습니다. 누가 자신의 역린을 건드리면 나도 모르게 화가 나거나, 부끄러워서 도망치고 싶어집니다. 그런데 역린은 삶의 원동력이 되기도 합니다. 더 이상 내 삶에 역린을 만들지 않겠다는 다짐과 각오로 세상을 살아가게 하기 때문입니다. 그래서 자신의 마음 한구석에 꽁꽁 숨겨놓은 역린을 발견하고 이해할 수 있는 시간이 필요합니다. 그리고 역린을 발견하고 나면 이를 인정하고 받아들이는 과정이 필요합니다.

사자의 발자국을 찾아다니는 사냥꾼이 있었습니다. 멋있는 옷에 폼 나게 총을 들고 사자의 발자국을 쫓는 사냥꾼이 나무꾼과 마주쳤습니다. 사냥꾼이 나무꾼에게 물었습니다.

"사자의 발자국을 보지 못했습니까?"

나무꾼이 대답했습니다.

"사자들이 사는 동굴을 알고 있습니다."

그리고 친절하게 말했습니다.

"찾기가 힘들지 모르니 동굴 근처까지 안내하겠습니다."

나무꾼의 말을 들은 사냥꾼은 얼굴이 사색이 되어 도망치며 말했습니다.

"나는 사자의 발자국을 찾는 것이지, 사자를 잡을 생각은 전혀 없소."

이처럼 사자를 잡는다고 하면서 발자국만 찾는 사람들이 우리 주변에 많이 있습니다. 자신의 삶에서 행복을 찾기 위해 자신의 감정을 이해할 생각은 안 하고 감정을 조절하는 기술만 찾는 사람들도 이와 같습니다.

자신이 왜 그런 감정을 느끼는지를 이해하지 못하면, 감정을 조절할 수 없습니다. 자신의 감정을 이해하지 못하는 사람들은 감정이 상하는 상황이 올 때마다 회피합니다. 원인을 알지 못하면서 감정을 조절하는 기술만으로 극복하려다 보니 근본적인 해결을 할 수가 없기 때문입니다. 무엇이 내 역린을 건드리는지 그것을 알아야 어려움을 극복할 수 있습니다.

나만의 역린(逆鱗)을 찾아서

꽃을 보고 좋아하면

꽃이 기분이 좋습니까?

내가 기분이 좋습니까?

내가 기분이 좋습니다.

상대를 좋아하면 내가 좋습니다.

행복도 내가 만들고 불행도 내가 만드는 것입니다.

법륜스님의 희망 편지에 나오는 내용입니다. 똑같은 꽃이라도 보는 사람에 따라 다르게 받아들일 수 있습니다. 어떤 사람에게 장미꽃은 사랑을 고백하는 꽃이기도 하지만, 어떤 사람에게는 사랑고백을 거절당한 꽃일 수도 있습니다.

이처럼 모든 것은 내 안에서부터 시작됩니다. 만약 화가 난다면 누군가 내 역린을 건드렸기 때문입니다. 그런데 자신의 역린을 잘 모르는 사람들은 상대방 탓을 합니다. 사실, 상대방은 잘못이 없습니다. 내 역린이 어떤 것이지 모르고 한 말이나 행동이기 때문입니다. 따라서 자신의 역린을 알아야만 다른 사람과의 갈등을 막을 수 있습니다. 역린은 자신의 성격이나 성향 혹은 가치관에 따라서 생기는 것이기 때문에 자신의 역린을 발견할 수 있는 것은 자신밖에 없습니다.

역린의 발견 ①: 성격과 성향

성격이나 성향 혹은 가치관에서 생기는 역린은 생각보다 발견하기는 쉽습니다. 그런데 발견하는 것만 중요한 것이 아니라 역린을 인정하고 수용하는 과정이 필요합니다.

우리의 역린을 발견하기 위한 진단을 먼저 실시해 보도록 합시다. 아래에 세 가지 글이 있습니다. 이 글을 읽고 자신의 모습이라고 생각하는 글을 한 가지 고르십시오.

A – 나는 비교적 독립적이고 자기주장을 잘한다.
   – 나는 상황에 정면으로 맞설 때 삶이 잘 풀린다고 느낀다.
   – 나는 목표를 설정하고 그 일을 추진해 나간다. 그리고 그것이 성취되기를 원한다.
   – 나는 가만히 앉아 있는 것을 좋아하지 않는다.
   – 나는 큰일을 성취하고 영향력을 행사하기를 원한다.
   – 나는 정면대결을 원하지는 않지만 사람들이 나를 통제하는 것도 좋아하지 않는다.
   – 대개의 경우 나는 내가 원하는 것을 잘 알고 있다.
   – 나는 일도 노는 것도 열심히 한다.

B – 나는 조용하며 혼자 있는 것을 좋아한다.
   – 나는 사회적인 활동에 주의를 쏟지 않으며 대개 강하게 내 주장을 펼치지 않는다.
   – 나는 앞에 나서거나 다른 사람과 경쟁하는 것을 그리 좋아하지 않는다.
   – 사람들은 나를 몽상가라고 말한다.

– 나의 상상의 세계 안에서는 많은 흥미로운 일들이 벌어진다. 나는 적극적이고 활동적이라기보다는 조용한 성격이다.

C – 나는 아주 책임감이 강하고 헌신적이다.

– 나는 내 의무를 다하지 못할 때 아주 기분이 나쁘다.

– 나는 사람들이 필요할 때 그들을 위해 내가 그 자리에 있다는 것을 알아주었으면 좋겠다.

– 나는 그들을 위해 최선을 다할 것이다.

– 이따금씩 나는 사람들을 위하여 그들이 알아주든 그렇지 않든 큰 희생을 한다.

– 나는 내 자신을 제대로 돌보지 않는다.

– 나는 해야 할 일을 한 다음에 시간이 난다면 휴식을 취하거나 내가 원하는 일을 한다.

첫 번째 A·B·C 문항에서 한 가지를 선택했다면 두 번째 선택 문항을 고를 수 있습니다. X·Y·Z 중에서 자신의 모습이라고 생각하는 문항을 선택하십시오.

X – 나는 대개 긍정적으로 보이고, 모든 일이 나에게 유리한 쪽으로 풀린다고 느낀다.

– 나는 나의 열정을 쏟을 수 있는 여러 가지 방법들을 찾는다.

- 나는 사람들과 함께하고 사람들이 행복해지도록 돕는 것을 좋아한다.
- 나는 나와 마찬가지로 다른 사람들도 잘 지내기를 바란다.
- 항상 기분이 좋은 것은 아니다. 그러나 나는 다른 사람에게 그렇게 보이기를 원한다.
- 나는 항상 긍정적으로 보이기 위해 노력하기 때문에 때로는 내 자신의 문제를 다루는 것을 미루기도 한다.

Y
- 나는 어떤 것에 대해 강한 감정을 갖는다.
- 대부분의 사람들은 내가 모든 것에 대해 불만을 갖고 있다고 생각한다.
- 나는 사람들 앞에서 내 감정을 억제하지만 남들에게 보이는 것보다 더 민감하다.
- 나는 사람들과 함께 있을 때 그들이 어떤 사람인지, 무엇을 기대할 수 있는지를 알기 원한다.
- 어떤 일에 내가 화가 났을 때 나는 사람들이 그것에 대해 반응하고 나만큼 그 일을 해결하려고 노력해주기를 원한다.
- 나는 규칙을 알고 있다. 하지만 사람들이 내게 무엇을 하라고 지시하는 것을 좋아하지 않는다.
- 나는 내 스스로 결정하기를 원한다.

Z – 나는 스스로를 잘 통제하고 논리적이다.

– 나는 감정을 다루는 것을 편안해하지 않는다.

– 나는 효율적이고 완벽하게 일을 처리하며 혼자 일하는 것을 좋아한다.

– 문제나 개인적인 갈등이 있을 때 나는 그 상황에 감정이 끼어들지 않도록 한다.

– 어떤 사람들은 내가 너무 차고 초연하다고 말하지만 나는 감정적인 반응 때문에 중요한 일을 그르치고 싶지 않다.

– 사람들이 나를 화나게 할 때 대부분의 경우 나는 반응을 보이지 않는다.

두 가지 모두 선택했다면, A·B·C에서 선택한 것과 X·Y·Z에서 선택한 것을 조합합니다. 예를 들어 A와 X를 선택했다면 AX 유형이 됩니다.

AX를 선택한 사람

AX유형은 호기심이 많고 즐거운 것을 추구합니다. 새로운 아이디어나 새로운 사람 혹은 새로운 경험이 주는 즐거움을 추구하면서 계획을 많이 세웁니다. 새로운 사람이나 많은 사람이 있을 때 분위기 메이커라는 말을 많이 듣고 아는 사람이 많고 금방 친해지기 때문에 인맥의 끝을 알 수가 없습니다. 하지만 정작 친하고 마음을 나누는 친구는 한명 혹은 두 명 정도로 항상 외로움을 느낍니다. 웃으면서 할 말을 다 하기 때문에 상대방을 자극하는 경우가 가끔 있지만 유쾌한 분위기 덕분에 큰 문제없이 지나갑니다.

관심을 갖는 주제는 '무엇이 흥미로운가?' 혹은 '내가 지금 압박감을 느끼는가?', 스트레스를 받는 상황이 생기면 '이 스트레스 상황을 피할 수 있을까?'입니다.

싫은 상황은 '즐겁지 않고 무거운 분위기'와 '진지한 상황'입니다. 그리고 자신이 선택할 수 있는 선택지가 없어서 어쩔 수 없이 받아들여야 하는 상황도 싫어합니다. 싫어하는 상황이 오면 잠수를 타거나 전화기를 꺼놓는 방법으로 피하고 싶은 생각이 간절합니다.

이 같은 상황이 바로 AX유형의 역린입니다. 이 상황에서 도망치지 않고 책임을 다하면 건강하게 극복할 수 있지만, 회피를 하게 되면 누군가 자신의 역린을 건드릴 때마다 감정을 다스릴 수 없게 됩니다.

AY를 선택한 사람

AY유형은 도전정신이 강하면서 리더십이 있다는 말을 많이 듣습니다. 특히 자신이 속해 있는 모임이나 조직의 팀원들을 보호하는 것을 중요하게 생각합니다. 그와 동시에 상황을 통제하고 큰일을 추진하고 싶어 합니다.

이런 유형은 의외로 어른의 몸 안에 연약한 어린아이가 들어 있는 경우가 많습니다. 자신의 연약한 모습을 감추고 싶어 하기 때문에 겉으로는 강한 행동을 보이는 것입니다.

기본적으로 관심을 갖고 있는 것은 바로 '팀이나 모임이 효과적으로 잘 통제되고 있는가?'입니다. 싫은 상황은 결과는 나오지 않으면서 자율적이기만 한 상황입니다. 그리고 연약하고 보호받아야 한다고 생각하는 사람이 보호받지 못하는 상황을 싫어합니다. 자신의 연약하고 약한 모습을 들키는 것 역시 싫어합니다.

이러한 유형의 역린은 '자신의 연약한 속내'입니다. 그래서 연약한 부분을 드러내게 되는 순간, 무력감을 느끼거나 불같이 화를 내게 됩니다.

AZ를 선택한 사람

AZ유형은 지금 자신의 모습보다 더 나은 모습을 추구합니다. 이를 위해 목표를 설정하고, 그것을 이루기 위해 자신의 시간과 할일을 관리합니다. 그리고 다른 사람의 존경과 인정을 중요하게 생각하기 때문에 성취하고 성공하기 위해서 주도적으로 삶을 관리합니다.

기본적으로 '다른 사람의 인정과 존경을 얻을 수 있을까?'에 대해서 관심이 많습니다. 그래서 '다른 사람들이 자신의 성과와 업적을 무시하는 상황'이 역린으로 작용합니다. 이런 상황에서 자신의 노력의 결과가 크던 작던 받아들이고 있는 그대로의 자기 자신을 드러내는 선택을 하게 되면 건강하게 극복할 수 있습니다. 그러나 자신의 성과와 업적을 더욱 크게 포장하여 자신의 실제 역량과 성과를 부풀리는 것은 건강하지 못한 해결 방법입니다.

BX를 선택한 사람

BX유형은 성격이 좋다는 말을 많이 들을 정도로 주변 사람들과 좋은 관계를 유지합니다. 다른 사람들과의 갈등을 싫어하기 때문에 주변에서 싸우는 모습을 보거나 갈등이 있는 사람들이 주변에 있는 것을 싫어합니다. 서로 조화롭게 긍정적인 관계가 되기를 바라고 악의를 갖고 접근하는 사람을 싫어하지만, 싫어하는 것에 대해서 표현하지 않기 때문에 다른 사람들은 자신이 싫어하는 것을 잘 모릅니다.

'나의 의견을 포함해서 모든 사람의 의견이 조화롭게 반영되고 있는가?'에 관심이 많습니다. 그래서 싫어하는 상황은 모든 사람의 의견을 조화롭게 반영하는 것이 아니라 한 사람의 의견으로 상황을 이끌어 나가는 것입니다.

BX 유형의 역린은 '다른 사람과의 갈등'입니다. 이를 건강하게 극복하기 위해서는 자신의 의견을 명확히 표현해서 의사결정에 반영하도록 해야 합니다. 갈등을 피하기 위해서 자신의 의견을 표현하지 않거나, 부탁을 거절하지 않은 것은 올바른 방법이 아닙니다.

BY를 선택한 사람

BY유형은 자기 자신을 가장 중요하게 생각하기 때문에 다른 사람에 대한 관심보다는 자신에 대한 관심이 많습니다. 그래서 다른 사람들도 자신을 존중하고 있는 그대로 받아들여 주기를 바랍니다. 그러나 다른 사람이 자신의 인생에 들어오는 것을 좋아하지는 않습니다. 많은 사람들과 친하게 지내는 것보다는 진실로 통하는 사람과 깊이 연결된 것 같은 느낌을 좋아하고 갈망합니다.

기본적인 관심사항은 '다른 사람이 나를 거부할까?', '혹시 내가 부족한가?', '내가 나를 잘 표현할 수 있을까?' 등입니다. 싫어하는 것은 다른 사람이 자신을 거부하는 것입니다. 그리고 자신이 특별한 사람이라는 느낌을 갖게 하지 못하는 사람과 상황을 싫어합니다.

BY유형의 역린은 '자신보다 특별한 사람에 대한 질투'입니다. 따라서 다른 사람의 특별한 점을 인정하고 자신의 질투심과 시기심을 인정할 수 있어야 건강하게 극복할 수 있습니다.

BZ를 선택한 사람

BZ유형은 관심 있는 것에 홀로 몰두할 때 행복감을 느낍니다. 다른 사람들과 함께 있는 자리나 장소에서도 자신이 그 사람들과 부대끼면서 대화하고 즐기는 것보다는 관계를 관찰하고 전체적인 흐름을 관찰합니다. 모임이나 직장에 가서 사람들과 대화하고 함께 일을 하거나 팀 프로젝트를 하면 에너지 소모가 많다는 것을 느낍니다. 따라서 소모된 에너지를 충전하기 위해 자신만의 시간을 갖는 것이 필요합니다.

기본적인 관심사는 '나의 시간이나 에너지 혹은 자원을 누가 필요로 하고 요구할까?'입니다. 그래서 가장 싫은 것은 '아무런 이유도 목적도 없이 만나서 술을 마시거나 시간을 보내는 것'입니다. 이것이 역린으로 작용하게 되는데, 다른 사람들과 만나거나 교류하는 것을 거절하고 자신만의 동굴에서 나오지 않는 것은 건강하지 못한 해결 방법입니다. 다른 사람들과 어울리면서 자신이 갖고 있는 지식이나 관심사를 공유하고 적극적으로 사람들 사이에 들어가서 관계를 형성할 때 극복할 수 있습니다.

CX를 선택한 사람

CX유형은 다른 사람들에게 관심을 많이 갖고 있기 때문에 다른 사람이 기분이 좋은지 나쁜지에 대해서 누구보다 잘 알고 있습니다. 주변 사람들의 나쁜 점보다는 좋은 점이 먼저 보이기 때문에 항상 주변 사람들을 칭찬합니다. 그래서 주변에 있는 사람들에게는 좋은 사람이라는 말을 자주 듣습니다. 고민을 상담하는 사람들도 많고 도움을 요청하는 사람들도 많아서 바쁜 일상을 보냅니다. 하지만 좋고 싫음이 분명해서 좋아하는 사람에게는 간과 쓸개도 내놓을 듯이 잘하지만 싫어하는 사람이 하는 부탁이라면 들어주지 않습니다.

기본적인 관심사는 '다른 사람들이 나를 필요로 하는가?' 혹은 '나를 좋아할까?'입니다. 그래서 '다른 사람이 나를 좋아하지 않는다거나 나를 필요로 하지 않는 상황'을 가장 싫어합니다. 이것이 역린으로 작용하여 도와달라고 해서 도와줬는데 감사하게 생각하지 않을 때 화가 납니다. 그러나 매정하게 거절하지 못해서 매번 같은 상황이 반복됩니다.

역린의 상황에서 건강하게 행동하기 위해서는 자신이 원하는 것이 무엇인지, 자신이 하고 싶은 것이 무엇인지, 자신이 가장 중요하게 생각하는 것이 무엇인지를 스스로 생각하고 인식할 수 있는 시간이 필요합니다. 이렇게 자신이 원하는 것을 정확히 인식했다면 주변 사람들에게 자신의 마음 상태를 솔직하고 명확하게 표현해야 합니다.

CY를 선택한 사람

CY유형은 책임감이 강하고 무슨 일이든 준비가 철저해서 미리 대비를 하기 때문에 통찰력이 있다는 말을 많이 듣습니다. 상상력이 풍부하고 미래를 대비하는 성향이 강해서 혹시라도 잘못될 가능성이 있다고 생각되는 것들을 준비합니다. 그래서 걱정이 많아 보이기도 하지만, 준비성이 철저한 만큼 큰 문제가 생기지는 않습니다. 하지만 회사에서는 조금 다릅니다. 기획을 하거나 회의를 할 때 잘못될 수 있는 경우의 수를 모두 따지다 보니 의심이 많아 보이고 항상 문제를 제기하는 사람처럼 보입니다.

기본적인 관심은 '지금 무엇이 잘못되고 있을까?', '내가 누구를 신뢰할 수 있을까?', '지금 내가 최선의 결정을 하고 있는가?' 등입니다. 그래서 '미리 걱정하고 미리 준비하는 경향'이 역린으로 작용합니다. 항상 문제를 제기하고 회의적으로 표현을 해서 일의 진행을 멈추게 하는 것은 건강하지 못한 해결 방법입니다.

이를 건강하게 극복하기 위해서는 미래를 대비할 때 부정적인 상황만 고려할 것이 아니라 긍정적인 상황도 함께 고려해서 시나리오를 준비해야 합니다.

CZ를 선택한 사람

CZ유형은 꼼꼼하고 공정하고 완벽함을 추구하기 때문에 깐깐하다는 말을 많이 듣습니다. 옳지 못한 행동을 하는 것을 가장 싫어하고 모든 행동에는 기준이 필요하다고 생각하기 때문에 주변 사람이나 상황, 그리고 환경을 개선하기 위해서 노력합니다.

기본적인 관심사항은 '무엇이 옳고 그른가?', '무엇이 정확하고 부정확한가?'입니다. 그래서 업무를 처리할 때 완벽하고 가장 이상적인 처리 방법이 있다고 생각합니다. 회사의 운영이나 가정에도 이상향이 있다고 생각하기 때문에 이를 만들기 위해서 노력합니다. 이것이 역린으로 작용하기 때문에 '이상적인 모습이 아닌 경우'에 화가 납니다.

자신이 생각하는 기준을 자신과 다른 사람들이 반드시 지켜야 한다고 생각해서 화를 내거나 지적을 하고 싸우는 것은 건강하지 못한 해결 방법입니다. 건강한 방식으로 극복을 하기 위해서는 자신의 기대치가 높다는 사실을 인식하고 그 기준과 기대치를 반드시 지켜야 한다는 강박을 내려놓아야 합니다.

역린의 발견 ②: 개인의 경험

감정조절 워크숍에 적극적으로 참여하는 남성이 있었습니다. 40대 초반인 이 남성은 미혼으로 워크숍에 참석하기 위해서 연차와 월차를 쓸 정도로 적극적이었습니다. 그런데 너무 적극적인 것이 문제였습니다. 워크숍 도중 종종 모습이 보이지 않기에 어디에 다녀왔냐고 물으니 다른 강의를 중복 신청해서 그것을 들으러 갔다 왔다고 했습니다.

워크숍 기간 중 자신의 생각과 의견을 표현하는 시간을 가졌습니다. 이 남성은 동료들이 자신에게 업무를 떠넘겨서 해야 할 일이 너무 많고, 일을 대신 해줘도 감사의 말 한마디 없다는 것이 견디기 힘들다고 했습니다. 문제는 그런 일이 반복되는데도 거절을 못한다는 것이었습니다. 동료들과의 관계가 나빠질까 봐 두려워서 그런 것이었습니다.

대화를 계속 진행하면서 어린 시절에 관해 대화를 나눌 수 있었습니다. 이 남자의 아버지는 술을 먹는 날이면 어린 자식들을 때리고 칼을 들고 와서 죽이겠다는 위협도 서슴지 않았다고 했습니다. 그래서 어릴 때부터 아버지가 시키는 것을 잘하기 위해서 노력했고, 단 한 번도 자신의 의견을 표현하거나 주장한 적이 없다고 했습니다.

이런 경험을 혐오학습이라고 하는데, 사람의 인생에 매우 큰 영향을 미칩니다. 단 한 번의 경험으로도 일생 동안 지속되기 때문입니다.

미국에서 양을 습격하는 늑대를 물리치기 위해서 혐오학습의 방법을 사용한 적이 있습니다. 양의 고기에 지독히 쓴맛이 나는 약품을 바르고 늑대가 양고기를 먹게 한 것입니다. 양고기의 쓴맛을 경험한 늑대는 그 이후로 절대 양고기를 먹지 않았습니다.

혐오학습이 강력한 힘을 발휘하는 이유는 생존과 관련이 있기 때문이라고 심리학자들은 주장합니다. 인간의 뇌에서 감정을 유발하는 편도Amygdala라는 부위는 학습 기능도 갖고 있기 때문에 강력한 감정과 함께 학습된 경험은 강한 정서를 동반합니다. 강력한 감정은 생존을 위해서 필요하기 때문에 단 한 번의 혐오경험이 인생 전반에 영향을 미치게 됩니다. 마치 역린처럼 말이죠.

기억이 강하면 강할수록 혼자 극복하는 것이 어렵기 때문에 전문가의 도움이 필요합니다. 하지만 인간에게는 스스로 치유할 수 있는 힘이 있다는 것도 알아야 합니다. 사실, 충격적인 일을 겪으면 그 사건을 말로 표현하기는 어렵습니다. 만약 누군가에게 자신의 감정적인 사건을 표현하고 있다면 그것을 극복해 나가고 있다는 증거라 할 수 있습니다.

말로 표현하기 힘들 경우에는 자신의 마음과 감정 상태를 일기, 혹은 짧은 수기 등의 방식으로 표현하는 것도 좋습니다. 그림이나 음악과 같은 방식으로 드러내는 것도 도움이 됩니다.

과거는 바꿀 수 없지만 미래는 바꿀 수 있다

성향에서 생긴 것이든 경험에서 생긴 것이든 자신만의 역린과 역린에서 발생한 사건과 상황들을 다루는 것은 축축한 과거의 사건을 꺼내서 햇볕에 말리는 작업과도 같습니다. 이미 일어난 사건을 바꿀 수는 없지만 새로운 의미를 부여하는 작업은 할 수 있습니다.

어릴 때 아버지가 자신을 무릎에 엎어놓고 손으로 엉덩이를 때릴 때 너무 무섭고 아팠다고 고백한 여성이 있었습니다. 그런데 성인이 돼서 아버지가 자신을 때리는 장면을 캠코더로 보게 되었는데, 아주 살살 때리더라는 것이었습니다. 어릴 때는 그렇게 무섭던 것이 성인이 되어 보니까 웃기기도 하고 재미있기도 하다고 했습니다.

이처럼 개인의 경험이라는 것은 매우 주관적입니다. 똑같은 상황이더라도 사람마다 다르게 받아들입니다. 그리고 같은 경험도 연령이나 시기에 따라서 다르게 받아들일 수 있습니다.

〈매일경제〉 '김과장 이대리'라는 코너의 직장생활과 관련된 재미있는 이야기들 중 한 가지를 소개해 보겠습니다.

대기업에 다니는 커리어 우먼인 서대리는 어느 때부터인가 회사 수련회는 절대 가지 않습니다. 그 이유는 서대리가 신입사원 시절 동기 2명과 함께 회사 수련회에서 장기자랑을 했던 경험 때문입니다. 장기자랑에서 대부분 노래를 불렀는데, 서대리를 포함해서 동기들 모두 음치에 박치라서 어떻게 해야 될지 몰랐습니다. 서대리 팀은 고민 끝에 철저히 망가지는 것을 선택했습니다. 그 당시에 인기를 끌던 '고음 불가'를 패러디하기로 결정한 것입니다. 서대리 팀은 빨간 고무장갑을 머리에 쓰고 우스꽝스럽게 노래를 불렀습니다. 여자 신입사원 3명이 머리에 고무장갑을 쓰고서 노래를 부르자 곳곳에서 박장대소가 터져 나왔습니다. 심지어 나이 지긋한 임원들까지도 배를 잡고 웃을 정도였습니다. 얼마나 반응이 좋았던지 사내 게시판에 서대리 팀이 공연한 영상이 올라갔습니다. 이 영상은 한동안 조회수 1위를 차지했습니다. 그런데 이것이 창피했던 것인지 모르겠지만 같이 공연을 했던 동기 2명은 회사를 떠났습니다. 이후로 서대리는 절대로 회사 수련회에 참여를 하지 않았습니다.

서대리는 굳이 그 일을 창피하게 생각할 필요가 없습니다. 과거로 돌아간다고 하더라도 신입사원인 서대리는 장기자랑을 거절할 수 없을 것입니다. 더불어 게시판에 동영상이 올라가는 것도 막을 수 없을 것입니다. 더욱 중요한 것은 그 공연을 창피하게 생각하는 사람은 서대리를 포함한 신입사원 3명밖에 없다는 것입니다. 공연이나 동영상을 봤던 사람들은 한바탕 웃어 젖히고 그 일을 잊어버렸을 것입니다.

나만의 역린을 찾는 것은 과거의 아픈 사건을 끄집어내어 다시 한 번 고통을 겪는 것이 아닙니다. 과거의 아픈 사건을 새로운 시각에서 보고 새로운 관점으로 평가를 함으로써 현재와 미래를 행복하게 바꾸는 것입니다.

chapter 19

위대한
혼잣말

생각에 관한 생각

'생각'에 대해 생각하는 시간을 가져보겠습니다. 우리는 생각이 '나기' 때문에 생각을 '하는' 것일까? 아니면 생각을 '하기' 때문에 생각이 '나는' 것일까요? 말장난 같지만 답은 명확합니다. 생각이 나기 때문에 생각을 하는 사람이 훨씬 많습니다.

대부분의 사람들은 자신이 무슨 생각을 하고 있는지 알아채기 전에 하루에 수만 가지 생각이 났다가 사라집니다. 그리고 이와 함께 감정도 함께 생겼다가 사라집니다. 이렇게 흔한 것이어서 그런지 생각을 대수롭지 않게 여기는 사람들이 많습니다. 그러나 우리의 삶은 생각한 대로, 정확히는 생각난 대로 흘러갑니다.

작기는 하지만, 회사를 운영하다 보니 핵심인재 리스트에 올리고 싶은 사람과 블랙리스트에 올리고 싶은 사람을 구별하는 안목이 생겼습니다. 안목이라고 하면 대단한 것 같지만 사실 핵심인재와 블랙리스트의 차이는 단 하나, 생각의 차이입니다. 더불어 '어떤 생각을 하는지' 알 수 있는 가장 쉬운 길은 '어떤 말을 자주 하는지'였습니다.

블랙리스트 직원은 지금껏 딱 한 명이었습니다. 업무 지시를 하면 항상 결과가 안 나와서 업무 체크를 해보면 중간에 잊어버리거나 증발해 버린 경우가 많았습니다. 그 직원은 성격만큼은 아주 좋았는데, 동료들에게 항상 하는 말이 "대충 해요"였습니다.

말은 그 사람의 사고방식이자, 행동이자, 그 사람 자체입니다. 이 직원은 자신이 입버릇처럼 하는 말 그대로 일을 정말로 '대충' 했습니다. 동료들에게까지 '대충'을 전파하는 최악의 직원이었던 것입니다.

2013년, 의학 학술지 〈커런트 바이올로지Current Biology〉에 인간의 생각을 촬영했다는 기사가 실렸습니다. 물론, 실제로 생각을 촬영한 것은 아니고 생각과 관련된 뇌 활동을 촬영한 것이었습니다. 뇌의 뉴런은 생각과 직접적인 관련이 있습니다. 우리의 생각과 기억은 뇌의 시냅스 회로의 연결이고 이 연결들이 감정과 결합하여 활성화됩니다.

반복적으로 어떤 말을 듣게 되면 시냅스는 새로운 회로를 만들어냅니다. 새로운 회로는 감정과 결합하여 기억을 저장하고 사고방식을 만들어 냅니다. 이 때문에 "대충 해요"라는 말을 반복적으로 듣게 되면 정말로 일을 대충하게 되는 것입니다.

이처럼 말은 누군가에게 지대한 영향을 미치지만 중요한 것은 혼잣말 또한 그렇다는 점입니다. 혼자 있을 때 머릿속으로 하는 말과 생각들도 자신의 행동에 영향을 미칩니다. 지속적으로 같은 생각이나 말을 하면, 이것들이 모여서 신념이 되고 가치관을 형성하게 됩니다.

고난을 통한 성장

가수나 성악가가 무대에 서기 직전, 양궁 선수가 활을 쏘기 직전, 면접을 볼 때, 시험을 볼 때 등등 불안함을 달래기 위해서는 마인드 컨트롤이 필요합니다. 마인드 컨트롤을 잘하기 위해서는 가장 먼저 감정을 조절해야 합니다. 그다음에는 자신에게 용기를 주는 말이나 행동을 해야 합니다.

그런데 말이 쉽지, 대부분의 사람들은 인생의 중요한 순간에서 마인드 컨트롤을 하기가 힘듭니다. 불안감이나 분노 등의 감정에 휘둘리기 때문입니다. 그리고 머릿속에 '난 안 될 거야'라는 생각이 자리 잡고 있기 때문입니다.

따라서 감정만 조절한다고 해서 마인드 컨트롤이 되는 것은 아닙니다. 생각의 습관까지 긍정적으로 바꿀 수 있어야 합니다. 그런데 그 습관은 다른 사람이 바꿔줄 수 없습니다. 위기의 순간에 다른 사람이 아무리 다독여주고 위로를 해준다고 하더라도 그때뿐입니다.

인생은 어찌 보면 고난의 연속이라 할 수 있습니다. 좌절하며 무릎 꿇는 사람은 삶에 휘둘리지만 이를 극복한 사람은 행복할 수 있습니다. 달리 말하면 고난 없이는 행복도 없다는 것입니다.

루소Jean Jacques Rousseau는 이렇게 말했습니다.

"아이를 불행하게 만드는 가장 확실한 방법은 아이가 원하는 것은 언제든 들어주고, 무엇이든지 가질 수 있게 해주는 것이다."

모든 걸 부모에게 의지하여 성장한 아이들은 고난을 겪었을 때 스스로 이겨낼 힘이 없습니다. 고난을 이겨낼 수 있는 스스로 길러야 합니다. 우리는 누구나 고난을 이겨낼 능력을 가지고 태어납니다. 그것을 갈고닦는 것은 자신의 몫입니다. 주변 사람의 도움이 당장은 달콤할지 모르지만 인생 전체로 보면 독이 될 수 있습니다.

체력을 관리해야 생각도 관리할 수 있다

우리 사회에서 체력이 달려 생각할 힘도 없는 대표적인 예, 워킹맘을 다시 이야기해 보겠습니다.

주말 아침입니다. 오늘따라 일찍 일어난 아이들이 당신을 흔들어 깨웁니다. 이럴 때 여러분은 어떻게 하시겠습니까? 아마도 몸의 상태에 따라 반응이 달라질 겁니다. 피곤해서 눈을 뜨기가 힘든 상황이라면 아이들에게 짜증을 내면서 저리 가라고 하겠지요. 그러나 몸이 가볍다면 벌떡 일어나 아이들을 데리고 나가서 놀 겁니다. 이처럼 체력이 떨어지면 모든 일에 짜증을 내기 쉽습니다. 그래서 체력 관리는 생각을 관리하는 것이자 감정을 관리하는 것과 같습니다.

워킹맘들이 감정 조절을 힘들어하는 것은 잠이 부족하기 때문입니다. 아이를 낳으면 한밤중에도 2시간마다 일어나 젖을 물려야 하고, 아이가 좀 더 크면 아침 일찍 일어나 밥 먹여서 어린이집에 보낼 준비를 해야 합니다. 퇴근해서 집안일 하고, 다시 아침 일찍 일어나 아이를 돌보다 보면 녹초가 안 되려야 안 될 수가 없습니다.

게다가 주말이 되어도 쉴 수가 없습니다. 남편은 피곤하다며 하루 종일 소파나 침대에 붙어 있습니다. 결국 집안일과 육아는 온전히 아내의 몫이 될 수밖에 없습니다. 체력을 충전해야 할 주말에 오히려 더 방전이 되는 것입니다.

그러므로 남편과 상의해서 역할을 분담하고 체력을 회복해야 짜증도 덜 내고, 아이와 좋은 추억도 쌓을 수 있습니다.

그런데 아이를 남편에게 맡겨놓기로 결정해도 남편이 아이를 제대로 돌본 경험이 없기 때문에 아내들은 불안해합니다. 하지만 마음을 독하게 먹어야 합니다. 그래야 남편도 아이를 키우는 일이 힘들다는 것을 알게 되고, 아이와 시간을 보내며 육아에 익숙해질 수 있습니다.

남편이 아이를 돌보는 방식이 마음에 들지 않을 때도 있을 것입니다. 그렇더라도 마음에 들지 않는 부분을 말하지 말고 스스로 깨달을 때까지 기다려줘야 합니다. 남편의 입장에서 보면 열심히 노력하고 있는데 아내가 잔소리를 하면 기분이 좋지 않을 것입니다.

이렇게 해서 쉴 수 있는 시간을 확보했다면 쉴 수 있는 공간도 확보해야 합니다. 남편과 아이가 집에 있어도 편안히 휴식할 수 있다면 괜찮지만, 그렇지 않다면 남편이 아이들과 함께 외출을 하도록 하는 게 좋습니다. 시간적 여유가 생긴다고 해서 절대 밀린 집안일을 하면 안 됩니다. 내가 건강해야 가족이 행복하다는 생각을 하며 푹 쉬어야 합니다.

생각에 영향을 미치는 나 자신과의 대화

자신과의 대화는 한 사람의 내부에서 이루어지는 의사소통을 말합니다. 넬슨 만델라Nelson Mandela의 자서전인《나 자신과의 대화 Conversations With Myself》에는 27년간 수감생활을 하며 쓴 편지와 일기, 사적인 대화 녹취록, 대통령 재임 기간 중 주고받은 각종 서한과 연설문 등이 담겨 있습니다. 이 책에는 한 명의 인간으로써 느끼는 분노, 갈등, 무력감 등이 잘 드러나 있습니다.

인간은 어렵고 힘든 상황이 닥치면 왜 그런 상황이 왔는지 자신이 잘못한 일은 없는지를 떠올려 보면서 후회하고 또 후회합니다. 하지만 만델라는 감옥에 있던 27년간 한결같이 글을 쓰면서 자기 자신과 대화를 합니다. 만델라는 이러한 자신과의 대화를 통해 자기 자신을 설득하는 작업을 거쳤습니다. 어떤 상황에서 화가 났는지, 무엇 때문에 화가 나고 슬펐는지를 떠올리며 스스로에게 물어보기도 하고 답하기도 했습니다.

사람은 누구나 생각을 하고 자기 자신과 끊임없이 대화를 합니다. 그것을 인지하고 있는지 없는지의 차이만 있을 뿐 무념무상無念無想인 사람은 없습니다. 세상에서 가장 어려운 것이 아무런 생각을 하지 않는 것입니다.

우리나라 사람들은 생각이 복잡할 때 머릿속이 시끄럽다고 표현합니다. 머릿속이 시끄러운 것은 내 마음이 나에게 계속 말을 걸기 때문입니다. 특히 다른 사람과 갈등이 생겨 싸우고 나면 머릿속이 시끄럽습니다. 싸움을 할 때 하지 못했던 말이 시간이 지나면서 계속 떠오르기 때문입니다. 이것도 일종의 나 자신과의 대화라고 할 수 있지만, 바람직한 대화는 아닙니다. 대화를 나누면 나눌수록 스트레스가 쌓이기 때문입니다. 그러므로 만델라처럼 철저한 자기 검열과 반성을 할 수는 없겠지만, 최소한 그렇게 하도록 노력해야 합니다.

긍정과 부정, 그 사잇길로 가라

취업하고 싶은 회사의 면접을 보고 난 이후에 부정적인 내부 대화를 하는 사람들이 있습니다.

"면접을 너무 못 봤어. 분명히 떨어질 거야. 그런데 정말로 떨어지면 어떡하지? 그럼 큰일인데……."

인간은 불확실한 상황에 처하면 본능적으로 불안감을 느끼며 다음에 올 상황에 대비합니다. 불안감은 크게 보면 부정적인 생각이라 할 수 있습니다. 부정적인 생각은 불확실한 미래에 대해 대비를 하도록 만들어 줍니다.

하지만 부정적인 생각이 아무리 본능적인 것이라 하더라도 상황을 너무 부정적으로만 보는 것은 자신의 자존감을 낮추기 때문에 좋지 않습니다.

반면에 어떤 사람은 과하다 싶을 정도로 긍정적이기도 합니다.

"면접은 못 봤지만 붙었을 거야. 당연히 붙어야지. 내가 면접을 봤는데."

이처럼 정확히 현실을 인지하지 못하고 과하게 긍정적인 것도 회피의 일종입니다. 면접은 엉망으로 봤으면서도 당연히 붙을 것이라고 생각하는 것을 비현실적인 낙관론이라고 합니다. 이렇게 비현실적인 낙관론에 빠져 사는 사람들은 불행한 일은 절대로 자신에게 일어나지 않을 것이라고 믿습니다.

부정적이든 긍정적이든 상황을 어느 한쪽으로만 해석하려 드는 것은 좋지 않습니다. 오히려 상황에 따라 두 가지 태도를 적절히 섞는 것이 좋습니다. 내부 대화가 너무 부정적인 상황으로 흐를 때에는 자신을 격려하고, 너무 긍정적으로 흐를 때는 채찍을 해야 합니다.

　가장 충실한 내부 대화의 예는 기도입니다. 기도에는 원하는 것을 이룰 수 있게 도와달라는 소망과 자신이 잘하지 못했던 부분에 대한 반성과 앞으로는 더 잘하겠다는 의지가 담겨 있습니다. 어렵고 힘든 일을 겪게 되면 종교를 찾게 되는 이유가 여기에 있습니다. 기도가 모든 것을 해결해 주는 것이 아니고, 당장 이루어지지 않더라도 스스로 부족한 것과 원하는 것을 되뇌면서 감정이 정리되는 것입니다. 결국 극복하는 힘은 내부에 있습니다.

chapter 20

결국은
행복

행복의 수준 높이기

사람들에게 무엇이 행복인지 상상해 보라고 하면 각기 다른 장면을 떠올릴 것입니다. 어떤 사람은 노래 가사처럼 '저 푸른 초원 위의 그림 같은 집'에서 사는 것을 상상하고, 어떤 사람은 에메랄드빛 바닷가를 거니는 것을 상상할 것입니다. 또 어떤 사람은 아이들이 마당에서 뛰어노는 모습을 상상합니다. 이처럼 사람마다 행복에 대한 생각은 다릅니다. 따라서 자신이 상상하는 행복은 자신이 현실로 만들어야 합니다.

하버드 대학 심리학과의 댄 길버트Dan Gilbert 교수는 18세에서 60세까지의 성인 남녀를 20년간 연구한 결과 대부분의 사람들은 자신만의 일정한 행복 수준을 유지한다는 것을 밝혀냈습니다. 결혼이나 이혼, 장애가 생겼을 때나 아이가 생겼을 때의 행복과 불행은 일시적인 것이고, 결국 자신이 갖고 있는 행복 수준으로 되돌아간다는 것이었습니다.

이에 따르면 고부 갈등이든 장서 갈등이든, 그리고 직장 내의 갈등도 시간이 지나면 자신이 가진 행복 수준으로 돌아간다고 할 수 있습니다. 그러니까 지금 당장 힘들고 죽을 것 같다고 하더라도 시간이 지나면 아무 것도 아닌 일이 된다는 것입니다.

유대인의 지혜서《미드라쉬Midrash》에 이런 이야기가 있습니다.

어느 날 다윗 왕이 보석 세공인을 불러 명령을 내렸습니다.

"짐을 위해 반지를 만들고 그 반지에 글귀를 하나 새겨 넣어라. 그 내용은, 내가 승리했을 때 기쁨에 취해 자만하지 않도록, 또한 동시에 절망에 빠져 있을 때 수렁에서 건져줄 수 있는 그런 글이어야 하느니라."

보석 세공인은 왕의 명령대로 아름다운 반지를 하나 만들었습니다. 그러나 적당한 글귀가 생각나지 않아 고민하다가 지혜롭기로 소문난 솔로몬왕자를 찾아가 조언을 구했습니다.

"폐하의 황홀한 기쁨을 절제해 주고 동시에 폐하께서 낙담했을 때 격려를 줄 수 있는 말이 무엇일까요?"

솔로몬이 미소를 지으며 대답했다.

"이렇게 쓰시면 됩니다. '이것 또한 곧 지나가리라.' 폐하께서 승리의 순간에 그 글을 보시면 자만심을 가라앉히게 될 것이고,

절망의 순간에 그것을 보신다면 곧 용기를 얻게 될 것입니다."

그렇습니다. 아무리 행복하거나 불행한 일이라도 하더라도 '곧 지나가 버리고' 자신의 행복 수준으로 되돌아옵니다. 따라서 자신의 행복 수준을 높이는 것이 가장 중요합니다. 최근에 긍정심리학에서는 행복 수준을 높이는 방법에 대한 연구가 많이 진행되었습니다. 연구결과 행복의 기본 수준은 유전적인 요인에 의해서 결정되는 경우가 많지만, 자신의 노력에 따라서 충분히 향상시킬 수 있다는 것이 밝혀졌습니다.

인간의 뇌는 시냅스가 계속해서 새로운 회로를 만들어 내고, 새로운 회로는 자주 사용하면 사용할수록 단단해집니다. 뇌의 변연계 옆에 있는 해마라는 부분은 단기기억을 장기기억으로 바꾸는 역할을 하는데, 한 달에 세 번 이상 같은 정보가 들어오면 매우 중요한 정보로 인식합니다. 그러고는 새로운 회로를 만들어 냅니다.

뇌가 처리하는 정보는 지식뿐만 아니라 행동, 상황, 인식, 감정 등 다양합니다. 뇌는 이렇게 다양한 정보를 받아들여 중요한 정보라고 인식하면 새로운 회로를 만들어 냅니다. 이렇게 새로운 회로를 만들어 내는 활동은 인간의 삶이 끝날 때까지 계속됩니다.

나를, 그리고 남을 사랑하라

스스로 행복해지기 위해서는 두 가지를 실천하면 됩니다. 한 가지는 나 자신을 사랑하고 좋아하는 일이고 두 번째는 다른 사람을 사랑하고 좋아하는 일입니다. 다른 사람보다 나 자신을 사랑하는 것은 생각보다 어려운 일입니다.

사람들은 은연중에 다른 사람을 부러워하고 질투를 느낍니다. 자신이 가지고 있는 것보다 다른 사람이 가지고 있는 것이 더 커 보이기 때문입니다. 말하자면, 남의 떡이 더 커 보인다는 것이죠. 자신을 사랑하는 사람들은 부러움이나 질투를 느끼지 않습니다. 오히려 다른 사람이 가진 것을 칭찬해 줍니다.

안데르센의 〈행운의 덧신The Galoshes Of Fortune〉이라는 동화가 있습니다. 이 동화에는 자신이 원하는 것을 말하거나 생각하면 그것을 이뤄준다는 행운의 덧신이 등장합니다.

행운의 덧신을 신었던 첫 번째 사람은 중세시대가 지금보다 훨씬 더 행복하고 좋았을 것이라는 논쟁을 하다가 자신의 신발인 줄 알고 행운의 덧신을 신었습니다. 그러자 순식간에 중세시대로 이동했습니다. 그는 길도 제대로 깔려 있지 않고 가로등도 설치되어 있지 않은 길을 걷다가 물웅덩이에 신발이 젖습니다. 집에 돌아가고 싶지만 돌아갈 방법이 없었습니다. 그러다 중세 시대 사람들과 대화를 하게 됩니다. 하지만 말이 너무 달라서 대화가 통하지를 않았습니다. 그래서 그 자리를 피하려고 하다가 덧신이 벗겨지면서 현재로 돌아올 수 있었습니다.

행운의 덧신을 발견한 두 번째 사람은 야경꾼인데, 그는 덧신이 위층의 중위 것이라고 생각합니다. 그는 중위에게 덧신을 전해주고 싶었지만 가죽 신발이 부러워서 한번 신어봤습니다. 그러면서 혼잣말을 했습니다.

"세상은 참 우스워. 내가 중위라면 따뜻한 침대 속에 계속 누워 있을 텐데 저 중위는 저렇게 잠도 안자고 방안을 서성이니 말이야. 내가 중위라면 얼마나 행복할까. 처자식도 없고 얼마나 자유로울까."

그러자 덧신이 요술을 부려서 야경꾼은 중위로 변했습니다. 어리둥절해하던 그의 손에는 분홍색 종이가 들려 있었습니다. 종이에는 중위가 쓴 시가 있었습니다.

오, 내가 부자라면!

오, 내가 부자라면!

청춘이란 이름이 모든 근심을 날려버린

즐겁고 화려한 시절에 얼마나 자주

이런 소망을 가졌던가.

나, 부를 소망했건만 권력을 얻었다네.

칼을 차고 깃털 달린 모자에 군복을 입은

훌륭한 장교가 되었다네.

그래도 나의 부는 곧 가난이라네.

아, 자비로운 신이여, 날 가엾게 여겨 도와주소서!

자신이 부자였으면 좋겠다는 것과 젊은 시절에 사랑한 여성에 대한 내용으로, 자신의 처지를 비관하는 시였습니다. 중위는 창틀에 기대어 한숨을 내쉬며 생각했습니다.

'길 위의 저 야경꾼이 나보다 훨씬 더 행복할 거야. 함께 울고 웃는 가족이 있는 야경꾼은 얼마나 행복할까? 저 사람은 나보다 더 행복해.'

그 순간 중위가 되었던 야경꾼은 다시 야경꾼으로 돌아왔습니다.

이처럼 사람들은 자신도 모르는 사이에 다른 사람을 부러워하고 질투합니다. 자신이 갖지 못한 것을 다른 사람들은 갖고 있기 때문입니다. 모든 것을 다 가질 수는 없다는 것을 알면서 말이죠.

내가 나를 사랑한다는 것은 자신이 갖고 있는 것과 자신이 할 수 있는 것에 대해 자부심을 갖는다는 말이기도 합니다. 저는 남들이 자신을 사랑해 주기만을 바라면서 정작 스스로를 사랑할 줄 모르는 사람들을 많이 봐 왔습니다.

예를 들면, 남편을 위해 희생했으니 남편이 나를 사랑해 주기를 바라는 사람입니다. 물론 가족을 위해 희생하는 것이 잘못됐다는 것은 아닙니다. 가족이라면 서로 희생하고 배려하며 살아가야 합니다. 그러나 오로지 일방적으로 희생하는 것, 그러고는 혼자만 희생했다고 생각하는 것은 커다란 문제입니다.

행복의 핵심은 내가 나를 사랑하고 존중하는 만큼 다른 사람도 나를 사랑하고 존중해야 한다는 것입니다. 그러니까 서로 존중하고 존중받는 관계가 돼야 행복지수가 올라간다는 것입니다.

케임브리지 대학의 펠리시아 후퍼트Felicia Huppert와 티모시 소Timothy So는 행복을 지속적으로 증진시켜 활짝 피우면 삶이 그만큼 풍성하고 풍요로워진다는 의미로 '플로리시Flourish'라는 말을 사용했습니다.

활짝 핀 꽃처럼 더 피울 것이 없고, 더 바랄 게 없고, 더 올라갈 데가 없고, 더 채울 것 없는 풍족하고 충만한 삶, 이것이 플로리시한 삶입니다.

이렇게 플로리시한 삶을 살기 위해서는 자기 자신을 먼저 사랑해야 합니다. 더불어 어느 누구도 일방적으로 희생하지 않는 긍정적인 관계를 만들어야 합니다. 그런 관계 속에서 느끼는 행복이 진정한 행복입니다.

제대로 성깔 부리는
여자가 아름답다

내 몸은 그 무엇보다 솔직합니다. 얼굴에 열이 확 오르기도 하고 순간 뒷골이 띵해지며 피가 아래쪽으로 다 내려가는 것처럼 느껴질 때도 있습니다.

만약 갑자기 누가 뒤통수를 치고 도망갔다면 어떻게 하시겠습니까? 불같이 화를 낼까요? 아니면 무서워서 숨을까요? 아마도 상황에 따라 대응방법은 달라질 것입니다. 만약 뒤통수를 치고 간 사람이 덩치가 큰 사람이라면 아무 말도 못하거나 숨을 것이고, 어린 아이라면 쫓아가서 혼내줄 것입니다.

두 가지 상황이 전혀 다른 것 같지만 공통점도 있습니다. 어떤 상황이든 전혀 즐겁지 않다는 것입니다. 그런데 즐겁지 않다는 감정을 느끼는 것보다 더 먼저 반응하는 것이 있습니다. 바로 우리의 몸입니다.

아이오와 주립대학에서 카드를 이용한 실험을 한 적이 있습니다. 빨간 카드와 파란 카드 중에서 어느 카드를 선택하든 무작위로 돈을 벌 수도 있고 잃을 수도 있도록 만들었습니다. 각 카드에는 상금과 벌금이 있는데, 빨간 카드는 수익이 높지만 손실도 크도록 설계되었습니다. 피실험자들에게는 이 사실을 숨긴 채 실험을 진행했습니다. 그리고 신체적인 변화를 측정하기 위해 손바닥에 거짓말 탐지기를 연결했습니다.

피실험자들은 40~50회 정도 카드를 뽑고 나면 전부 이 시스템을 이해하고 파란 카드를 뽑기 시작했습니다. 그런데 예상과는 달리 신체적인 반응은 10회 정도 지났을 때부터 나타났습니다. 10회 정도 카드를 뒤집어 보고 나서 나쁜 패가 나오는 것은 빨간 카드라는 사실을 무의식적으로 알아차리고 긴장하게 되어 손바닥에 땀이 찼던 것입니다.

이렇게 구체적인 사고보다 신체가 먼저 반응을 하는 이유는 진화의 결과입니다. 두렵다고 느끼기 전에 몸이 먼저 반응을 해서 도망을 가야 위험으로부터 안전하기 때문입니다. 그렇다고 몸의 반응과 감정을 느끼는 것에 큰 시간차가 있는 것은 아닙니다. 대부분 동시에 본능적으로 일어난다고 할 수 있습니다.

어떤 사람이 정신과 상담을 받으면서 이런 질문을 했다고 합니다. "선생님, 저는 강한 자한테 약하고, 약한 자한테 강한 제 자신이 너무 싫어요. 해결할 방법이 없을까요?" 그러자 정신과 의사는 "그렇지 않은 사람은 한 명도 없다"고 대답했습니다.

왜냐하면 우리의 감정과 신체 시스템은 강한 사람을 만나면 두려움을 느끼게 해서 도망가게 만들기 때문입니다. 반대로 약한 사람 앞에서 화를 내는 것 역시 감정과 신체의 본능적인 시스템을 따르기 때문입니다.

그런데 몸의 반응은 하나라 하더라도 감정은 복합적으로 생길 수 있습니다. 예를 들어 몸이 부들부들 떨릴 때를 생각해 보십시오. 화가 날 때나 무서울 때나 똑같이 몸이 떨리지 않나요? 따지고 보면 동시에 이런 감정을 느끼는 것은 자연스러운 것입니다. 위험한 사람을 만났을 때 두려워 도망을 가거나 화가 나 때려눕히거나 해야 살아남을 수 있기 때문입니다.

이처럼 신체의 반응과 감정은 인간의 생존에 매우 중요한 요소입니다. 그런데 우리나라는 예부터 감정 표현을 절제하는 것을 미덕으로 여겼기에 자신의 감정을 인식하고 조절하는 데 서투릅니다. 아예 자신이 어떤 감정을 느끼는지 모르는 사람도 많습니다.

감정을 스스로 인식하기 위해서는 긍정적인 감정과 부정적인 감정을 구분하는 것이 첫 번째 단계입니다. 갓난아이가 감정을 느끼는 방식이 이와 똑같습니다. 갓난아이는 다양한 감정을 잘 느끼지 못하기 때문에 분노, 슬픔, 두려움을 뭉뚱그려서 불쾌함으로 인식하고 그 이외의 편안한 상황을 긍정적인 감정으로 인식합니다. 이후로 성장하면서 다양한 감정을 느끼게 됩니다.

다 큰 성인이지만 감정을 억압하고 무시해 왔다면 갓난아기처럼 긍정적 감정과 부정적 감정을 구분하는 것부터 시작하는 것이 좋습니다. 그렇게 시작해서 조금씩 자신에 대한 탐험을 시작하다 보면 자신이 진짜로 원하는 것이 무엇인지를 명확하게 볼 수 있게 됩니다.

속내를 제대로 표현한다는 것은 긍정적 감정과 부정적 감정을 확실하게 구분하고 그에 맞는 대처를 능수능란하게 해낸다는 것입니다. 단순히 '불편하다'라는 어중간한 감정이 아닌 확고하고 확실한 감정의 종류를 구분해서 느끼고 그게 맞게 대처하는 것이죠. 해소 할 수 있을 때 해소하고, 버릴 수 있을 때 버리는 것은 짜증과 신경질이 아니라 제대로 속내를 내비치는 일입니다.

이유 있는 감정 표현은 당신을 건강하게 만듭니다. 몸도 마음도 거리낄 것 없이 투명한 상태가 되었을 때 삶도, 생각도 투명해집니다.

제대로 표현하며 삽시다.

아름다운 인생을 위하여.

서른셋
기적같은 날들이 기다리고 있어

신개정판 1쇄 인쇄일 2021년 09월 03일
신개정판 1쇄 발행일 2021년 09월 10일

지은이 차희연
발행인 이지연
주간 이미숙
책임편집 정윤정
책임디자인 이경진 권지은
책임마케팅 이운섭
경영지원 이지연

발행처 ㈜홍익출판미디어그룹
출판등록번호 제 2020-000332 호
출판등록 2020년 12월 07일
주소 서울시 마포구 독막로18길 12, 2층(상수동)
대표전화 02-323-0421
팩스 02-337-0569
메일 editor@hongikbooks.com

제작처 갑우문화사

ISBN 979-11-9142-044-9 (03180)

※ 이 책은 《여자 서른 살, 까칠하게 용감하게》의 신개정판입니다.